Karl-Siegfried Melzer

Den 1. Johannesbrief heute lesen

TVZ

bibel **heute lesen**

Die Johannesoffenbarung heute lesen, Michael Heymel, Zürich 2018
Das Markusevangelium heute lesen, Klaus Bäumlin, Zürich 2019
Das Johannesevangelium heute lesen, Michael Heymel, Zürich 2020

Karl-Siegfried Melzer

Den 1. Johannesbrief heute lesen

TVZ
Theologischer Verlag Zürich

Der Theologische Verlag Zürich wird vom Bundesamt für Kultur für die Jahre 2021–2024 unterstützt.

Bibliografische Information der Deutschen Nationalbibliothek
Die Deutsche Nationalbibliothek verzeichnet diese Publikation in der Deutschen Nationalbibliografie; detaillierte bibliografische Daten sind im Internet über http://dnb.dnb.de abrufbar.

Umschlaggestaltung
Simone Ackermann, Zürich
Unter Verwendung einer Handschrift, die den Beginn des 1. Johannesbriefs zeigt, Biblia Vulgata, Nordfrankreich (evtl. Paris), 13. Jahrhundert (2. Viertel). Quelle: Stadtarchiv der Hansestadt Stralsund, Signatur: Hs 1001, fol. 403va

Druck
ROSCH-BUCH, Scheßlitz

ISBN 978-3-290-18392-9 (Print)
ISBN 978-3-290-18393-6 (E-Book: PDF)

www.tvz-verlag.ch

Inhalt

Der 1. Johannesbrief – einige Klärungen im Vorfeld

Unter dem Namen Johannes finden sich im Neuen Testament fünf Schriften: neben dem Johannesevangelium die drei Johannesbriefe und schliesslich die Johannesoffenbarung. Auf den ersten Blick sieht es so aus, als hätten alle diese Schriften denselben Verfasser namens Johannes. Da ein Träger dieses Namens nach dem übereinstimmenden Zeugnis der Evangelien des Matthäus, Markus und Lukas zum engsten Kreis der zwölf Jünger Jesu gehörte und derselbe Johannes auch in der Apostelgeschichte des Lukas und im Galaterbrief des Paulus als eine der führenden Persönlichkeiten der Jerusalemer «Urgemeinde» bezeugt wird, scheint die Sachlage klar: Der Jünger Jesu und spätere urchristliche Apostel Johannes hat die unter seinem Namen im Neuen Testament gesammelten Schriften verfasst. Dies war tatsächlich die Ansicht, die sich etwa um das Jahr 200 n. Chr. in der christlichen Kirche durchzusetzen begann und dann jahrhundertelang im Grundsatz nicht mehr infrage gestellt wurde.

Schon ein zweiter Blick zeigt aber, dass dem nicht so sein kann. Die jeweiligen Überschriften mit den Verfassernamen wurden vermutlich bei der Herausgabe der Schriften bzw. beim Versand von Abschriften an andere Gemeinden hinzugefügt. Ihr Aussagewert ist in der Forschung umstritten. Um also zu verlässlichen Aussagen über Verfasserschaft und Abfassungszeit zu gelangen, muss in den johanneischen Schriften selbst nach Anhaltspunkten gesucht werden. Dies können sowohl direkte und indirekte Angaben zu den Autoren als auch beispielsweise Eigentümlichkeiten des Stils, Bezugnahmen auf gleiche oder ähnliche Überlieferungen oder übereinstimmende Auffassungen zu Glaubensfragen sein. Aufgrund von solchen Beobachtungen neigen die meisten Forscherinnen und Forscher zu der Ansicht, dass das Johannesevangelium und die Johannesbriefe in ihrer Gedankenwelt und Sprachgestalt bei durchaus vorhandenen Unterschieden doch so viele Übereinstimmungen zeigen, dass man sie als zusammengehörige Dokumente einer besonderen Auffassung des christlichen Glaubens verstehen muss. Sie sind in einer eigenständigen Gemeinschaft abseits der sonstigen Strömungen des Urchristentums entstanden. Dagegen unterscheidet sich die Offenbarung des Johannes durch ihre Sprache und das darin zutage tretende Glaubensverständnis grundlegend von den übrigen johanneischen Schriften, auch wenn es einige Anklänge an johanneische Ausdrücke wie die Bezeichnung «Wort» (Gottes) für Jesus Christus gibt.

Speziell zum 1. Johannesbrief ergibt sich: Es werden im Schreiben weder Verfasser noch Adressaten genannt. Eigentümlich ist, dass sich in den ersten fünf Versen (sowie noch einmal im 4. Kapitel an einer Stelle, in der es um das «Schauen» und «Bezeugen» der grundlegenden Glaubenswahrheit geht) eine Mehrzahl («wir») zu Wort meldet, während ansonsten ein einzelner Autor die Adressaten anredet. Dies ist wohl so zu deuten, dass hier ein einzelner, namentlich nicht genannter Verfasser im Namen eines Kreises schreibt. Dabei dürfte es sich um einen Kreis von Traditionsträgern handeln, die für die johanneische Gemeinschaft die Jesus-Überlieferung über mehrere Generationen bewahrt und weitergegeben haben. Der Brief ist an keine bestimmte Ortsgemeinde gerichtet, sondern erweist sich (auch durch den Verzicht auf brieffübliche Grüsse und Danksagungen) als ein Rund- und Lehrschreiben an die gesamte johanneische Gemeinschaft.

Es ist sinnvoll, zunächst einen Gang durch den ganzen 1. Johannesbrief zu unternehmen, weitere Forschungsergebnisse zur johanneischen Gemeinschaft und zur Abfassung des 1. Johannesbriefs werden dann im darauffolgenden Kapitel 3 besprochen. Dieser kurze Durchgang in Kapitel 2 ermöglicht es, den Brief im Zusammenhang kennenzulernen. Dabei soll es bei der einfachen und eindeutigen, wenn auch historisch unzutreffenden Bezeichnung «johanneisch» für die im Brief angesprochene Gemeinschaft mit ihren Anschauungen bleiben.

toris ihu xpi. Ipsi gloria et nunc et in diem eter-
nitatis. Amen. Explicit epistola petri II. Incipit epistola
prima iohannis apostoli.

Uod fuit ab initio quod audiuimus quod uidimus oculis nostris quod perspeximus. et manus nostre
tractauerunt de uerbo uite: et uita manifestata
est. Et uidimus et testamur. et annuntiamus
uobis uitam eternam: que erat apud patrem
et apparuit nobis. Quod uidimus et audiuimus
annuntiamus uobis. ut et uos societatem habea-
tis nobiscum: et societas nostra sit cum patre et
filio eius ihu xpo. Et hec scribimus uobis: ut
gaudium uestrum sit plenum. Et hec est annun-
tiatio quam audiuimus ab eo. et annuntiamus
uobis. quoniam deus lux est: et tenebre in eo
non sunt ulle. Si dixerimus quoniam societatem
habemus cum eo et in tenebris ambulamus
mentimur: et non facimus ueritatem. Si au-
tem in luce ambulamus. sicut et ipse est in luce societatem habemus ad inuicem: et san-
guis ihu filii eius mundat nos ab omni pec-
cato. Si dixerimus quoniam peccatum non habemus ipsi nos seducimus: et ueritas in nobis
non est. Si confiteamur peccata nostra. et fidelis

Ein Gang durch den 1. Johannesbrief

Dieser Gang kann nur eine erste Einführung in den gedanklichen Zusammenhang des Schreibens sein. Auf besonders wichtigen Stellen, wird auch ein besonderes Augenmerk liegen. Die folgenden Ausführungen sollen das genaue Lesen des 1. Johannesbriefs begleiten, zum Verstehen beitragen und zu vertiefter Lektüre, etwa mit Hilfe eines Kommentars, anregen.

Der Prolog: «Das Leben ist erschienen» (1 Joh 1,1–4)

Gleich die ersten Sätze des Briefs müssen etwas gründlicher betrachtet werden. Ihr feierlicher und eindringlicher Ton zeigt an, dass hier grundsätzliche, für das Verständnis des Briefs wegweisende Aussagen gemacht werden. Allerdings hat man beim ersten Lesen vielleicht Mühe, in dem verwirrenden Durcheinander von abbrechenden Teilsätzen und neuen Satzanfängen eine Struktur und eine Hauptaussage herauszufinden. Tatsächlich umfasst der erste Satz mit allen Einschüben und neuen Anfängen die ersten zweieinhalb Verse. Sein «Grundgerüst» ist in den Versen 1 und 3 zu finden: «Was von Anfang an war, das verkündigen wir euch, damit auch ihr Gemeinschaft habt mit uns.» Die entscheidende Aussage, um derentwillen der Satzfluss unterbrochen wird, steht am Beginn von Vers 2: «Das Leben ist erschienen.»

Das ist es, was die Absender so bewegt, dass es auch auf Kosten der flüssigen Lesbarkeit gleich hingeschrieben werden muss, und so steigt man am besten auch bei diesen vier Worten in die Verstehensarbeit ein, die der Text aufgibt.

«Das Leben ist erschienen» – diese Aussage spricht alle unmittelbar an, die am Wunder des Lebens teilhaben, aber auch an den Deformationen des Lebens leiden, nach dem Sinn des Lebens fragen und die Vergänglichkeit des Lebens mit Trauer und Ängsten wahrnehmen. Wenn man freilich «Leben», wie es hier gemeint ist, zutreffend verstehen will, muss man sich klarmachen: Der Brief ist ja im damals üblichen Griechisch geschrieben, und da hätten gleich mehrere Wörter für «Leben» zur Verfügung gestanden, die auch im Verlauf des Briefs noch verwendet werden.

Für «Leben» in dem spezifischen Sinn, den der 1. Johannesbrief meint, steht jedoch durchgehend das Wort *zoe*. Das Wort kann durchaus auch für das irdische, begrenzte Leben verwendet werden, aber in der Sprachwelt des Johannesevangeliums und der Johannesbriefe steht das Wort *zoe* immer für das *wahre*, das *bleibende* Leben – also das Leben, das gemeint ist, wenn man vom Sinn des Lebens spricht und ein über die Todesgrenze hinausgehendes Leben erhofft.

Leben, wie es hier gemeint ist, wird oft auch mit dem Zusatz «ewig» versehen, so schon in dem Vers, der mit der Hauptaussage «Das Leben ist erschienen» begonnen hat (1Joh 1,2). Dieser Zusatz charakterisiert Leben weniger als unbegrenzt andauernd, vielmehr ist das wahre, das eigentliche, das sinnerfüllte Leben gemeint, das allerdings vom biologischen Tod nicht betroffen ist. Denn – wie im selben Vers auch zu lesen ist: Es war «beim Vater», ist also göttlichen Ursprungs. Das wahre Leben, dem auch der Tod nichts anhaben kann, weil es von Gott herkommt, dieses Leben ist erschienen. Es ist *so* erschienen, dass man es hören, sehen, schauen, berühren konnte (1Joh 1,1).

Diese Verben zielen eindeutig auf einen *Menschen* ab, in dem sich das wahre, das ewige Leben verkörpert hat. Es gehört wohl zum feierlichen, geheimnisvollen Stil dieser Einleitung, dass der Name, um den es hier geht, erst am Ende von Vers 3 genannt wird: *Jesus Christus*. Die Zeit, in der man Jesus hören, sehen, anfassen und schauend, also tiefer blickend, seine Herkunft von Gott erfassen konnte, liegt für die Verfasser wie für die Empfänger des Schreibens in der Vergangenheit. Das wird schon an den Zeitformen der Verben deutlich. Aber mit der irdischen Lebenszeit Jesu ist die Erscheinung des wahren, ewigen Lebens nicht unwiederbringlich vergangen, sondern das in ihm gleichsam ein für alle Mal erschienene Leben kann weitergegeben werden im «Wort des Lebens» (1Joh 1,1). In den bezeugenden, verkündigenden Worten, die weitergesagt und aufgeschrieben werden, erschliesst sich das einmal erschienene Leben immer wieder neu. Genau dies wird hier einleitend und vorausblickend als Anliegen des Briefs genannt: die Weitergabe des Wortes vom Leben, das von allem Anfang an bei Gott war und in einem Menschen erschienen ist. Diese Weitergabe geschieht nicht als Information, sondern als Erschliessung des Lebens für diejenigen, die sich davon bewegen lassen, sodass es zu einer «Lebensgemeinschaft» in doppelter Hinsicht kommt (1Joh 1,3): Gemeinschaft der im Brief angesprochenen Christen untereinander, insbesondere auch mit den Absendern, – und Gemeinschaft «mit dem Vater und mit seinem Sohn Jesus Christus». Leben in einer Gemeinschaft, die gleichsam Zeit und Ewigkeit umfasst, wird erschlossen durch das Wort des Lebens. Wenn diese Gemeinschaft glückt, wird es ganz besonders auch diejenigen mit Freude erfüllen (1Joh 1,4), die brieflich mit den Adressaten in Kontakt treten. Im Verlauf des Briefs wird klar, dass dies keine höfliche Floskel, sondern dringender Wunsch ist angesichts einer Gemeindesituation, die wenig Anlass zur Freude gab.

Wenn man nun nach alledem den Prolog einmal laut liest, wird man dieses Vorwort möglicherweise gar nicht mehr als ungeordnet empfinden. Eher wird der Eindruck einer feierlichen Ankündigung und eines eindringlichen Werbens um die Aufmerksamkeit und die innerliche «Öffnung» der Angeschriebenen entstehen, die ja immer auch Ange*sprochene* waren, weil solch ein Schreiben natürlich auch zum Verlesen in der Gemeindeversammlung gedacht war. Im Fortgang des Briefs werden die «programmatischen» Aussagen des Prologs dann angesichts der krisenhaften Gemeindesituation entfaltet werden. Darauf stimmen die einleitenden Verse die Lesenden und Hörenden bereits ein.

Das Leben «im Licht» und die Wirklichkeit der Sünde (1Joh 1,5–2,2)

«Das ist die Botschaft, die wir von ihm gehört haben und euch verkündigen: Gott ist Licht, und Finsternis ist keine in ihm» (1Joh 1,5). Dieser Vers bildet die Brücke zwischen Prolog und Hauptteil des Briefs.

Im Prolog war herausgestellt worden: Es geht um das Wort des Lebens, das verkündigt, weitergesagt werden soll, damit es Gemeinschaft mit Gott und den Menschen stiften kann. Der Inhalt dieser Lebensbotschaft, die von Christus herkommt, wird hier nun in einem ersten Grundbild zusammengefasst: «Gott ist Licht». Das klingt zwar wie eine Definition, aber wir haben ja kein religionsphilosophisches Lehrbuch vor uns. In der bildhaften, meditativ-durchdringenden Denkweise des Autors, die sich in seinem Schreibstil ausprägt, geht es um etwas anderes: Assoziationen werden aufgerufen, die der Lebenswirklichkeit Gottes entsprechen, so wie sie in der Glaubensbeziehung zu Jesus Christus erfahren wird. Licht ist Leben – so wurde es schon immer empfunden, und so findet sich die Lichtmetapher für den göttlichen Lebensursprung und Lebensspender überall in der Antike, bis hin zur göttlichen Verehrung des Lichts selbst. Der Verfasser dieses Briefs will natürlich nicht Gott mit dem Licht gleichsetzen. (Wer den Satz «Gott ist Licht» als Identitätsaussage verstehen will, müsste bereits wenig später in 1Joh 1,7 stutzig werden, wo es dann von Gott heisst, er sei «im Licht».) Vielmehr steht der Autor in der Tradition der biblisch-bildlichen Redeweise von Gott, wie sie sich besonders eindrucksvoll in den Psalmen zeigt. Dort heisst es etwa von Gott: «Bei dir ist die Quelle des Lebens, und in deinem Lichte sehen wir das Licht» (Ps 36,10). Besonders wichtig ist ihm zu betonen, dass in Gott keinerlei Finsternis zu finden ist. Im griechischen Originaltext wird dies durch eine verstärkte Verneinung noch deutlicher, als es die Übersetzung wiedergeben kann. In dem in Jesus Christus erschlossenen und verkörperten «Wort des Lebens» ist Gottes Wesen in voller Klarheit offenbar geworden. Daneben und darüber hinaus gibt es keine noch im Dunkeln liegenden Wesenszüge Gottes.

An diese grundsätzliche Aussage schliesst sich eine Auseinandersetzung darüber an, wie es für Menschen, die im Licht Gottes leben, mit der dennoch nicht zu bestreitenden Wirklichkeit der Sünde steht (1Joh 1,6–2,2). Dreimal werden, eingeleitet jeweils mit «Wenn wir sagen», gläubig-selbstbewusst klingende Losungen zitiert: «Wir haben Gemeinschaft mit ihm» (mit Gott, 1Joh 1,6), «Wir haben keine Sünde» (1Joh 1,8), «Wir haben nicht gesündigt» (1Joh 1,10). Darauf folgt eine jeweils anders formulierte schroffe Ablehnung der eben angeführten Losung, verbunden mit einer kurzen Darstellung dessen, was aus der Glaubensüberlieferung klärend dazu gesagt werden kann. Der dritte diesbezügliche Unterabschnitt (1Joh 1,10–2,2) ist zusätzlich mit einer persönlichen Anrede versehen, die das besondere Engagement des Autors zeigt.

Die zitierten Losungen klingen nach einem hochgestimmten Bewusstsein, das dank der Nähe zu Gott über allen «irdischen Niederungen» schwebt. Das «wir» im einleitenden «Wenn wir sagen» ist gewiss nicht nur rhetorisch gemeint, auch wenn es in Wirklichkeit natürlich nicht alle und schon gar nicht den Verfasser einschliesst.

Das «wir» zeigt immerhin an: So ist offenbar in den johanneischen Gemeinden damals wirklich gedacht und gesprochen worden. Diese religiöse Hochstimmung passt besonders gut zu den später im Brief bekämpften ehemaligen Gemeindeangehörigen, die zu Anhängern einer abweichenden Lehre geworden waren und damit den Weiterbestand der ursprünglichen Gemeinschaft gefährdeten. Aber diese «Falschlehrer» stammten ja aus dem Bereich des johanneischen Christentums, und so wie das Bewusstsein der Gemeinschaft mit Gott ist wohl auch eine damit verbundene Überzeugung, von der Sünde frei zu sein, dort offensichtlich bereits beheimatet gewesen.

Warum aber wird hier und immer wieder im 1. Johannesbrief überhaupt eine solche Auseinandersetzung darum geführt, ob auch Christen sündigen (können)? Warum hat das Thema «Sünde» und «Sündlosigkeit» einen so grossen Stellenwert? Um einem Verstehen wenigstens näherzukommen, muss man sich kurz mit der Denkweise der frühen Christinnen und Christen in Bezug auf die Sünde befassen.

Für diese Denkweise ist bezeichnend, dass das Wort «Sünde» (griechisch *hamartia*) hier nicht nur im Plural vorkommt und damit die Vielzahl der einzelnen Verstösse gegen Gottes Gebote meint, sondern auch im Singular (1Joh 1,7f.). Alle einzelnen Sünden werden nämlich als Auswirkungen der einen grossen Sündenmacht verstanden, in der alle Menschen gefangen sind bzw. vor dem Erscheinen Jesu Christi gefangen waren. Die Welt ist von dieser Macht bestimmt, das Zusammenleben der Menschen ist vom Zwang, aneinander schuldig werden zu müssen, wie von einer bedrückenden Atmosphäre durchdrungen. In dieser Dunkelheit ist das Licht des wahren Lebens nicht mehr sichtbar – die Menschen sind von Gott durch die Macht der Sünde getrennt und als Konsequenz daraus dem ewigen Tod ausgeliefert. Das Wirken Jesu und die Hingabe seines Lebens wurde nun als die Erscheinung des göttlichen Lichts in der von den dunklen Mächten der Sünde und des Todes beherrschten Welt verstanden. Die Auferstehung erschien als der Sieg – wie über den Tod so auch über die lebensfeindliche Macht der Sünde. An diesem Sieg konnten alle durch die Taufe Anteil gewinnen. Die Taufe wurde als Lebenswende gesehen, die aus der Machtsphäre der Sünde herausführte. Dies konnte zu der Schlussfolgerung führen: Als Getaufte sind wir durch Christus schon in die Gemeinschaft mit Gott aufgenommen, also in den Bereich des Lichts und des Lebens dergestalt versetzt, dass wir der Sünde nun nicht mehr untertan sind. Der Slogan «Wir haben keine Sünde» erklärt sich daraus als Freiheitsruf derer, die bei Christus und also auf der Seite des Siegers über die Sündenmacht stehen.

Dem Bewusstsein, Gemeinschaft mit Gott zu haben und dadurch in den Zustand der Sündlosigkeit gelangt zu sein, tritt der Briefschreiber eindeutig entgegen. Seine den jeweils zitierten

Losungen entgegengesetzten Absagen machen klar, dass er Menschen mit diesem Bewusstsein im Dunkel von Lüge und Selbsttäuschung gefangen sieht. Bei den schroffen und ebenfalls schlagwortartigen Absagen bleibt es aber nicht: Im Anschluss an jede Absage wird jeweils erläutert, wie sich die Verhältnisse im Licht des «Wortes des Lebens» wirklich darstellen. Dazu werden kurzgefasste Glaubensformeln zitiert, die den Adressaten von deren eigener Glaubensunterweisung her sicher vertraut waren. Sie beziehen sich auf das sühnende Leiden und Sterben Jesu und sein jetziges Wirken als himmlischer Fürsprecher. Die Gemeinschaft der Christinnen und Christen wird hier als die Gemeinschaft derer gesehen, die sich um Jesus Christus nicht nur als den auferstandenen Sieger über Sünde und Tod sammeln, sondern die in ihr Vertrauen auf Christus sein sühnendes Leiden und Sterben einbeziehen und auf ihn als himmlischen Fürsprecher hoffen.

Es kommt dem Verfasser des 1. Johannesbriefs darauf an, dass der von Gott initiierte sühnende Einsatz Jesu in seiner bleibenden Bedeutung auch wahrgenommen und nicht einfach ignoriert wird, weil man sich ja im sicheren Besitz der Gemeinschaft mit Gott dank des Anschlusses an den auferstandenen Christus glaubt. Der Einsatz Jesu, seine Lebenshingabe bleibt wirkmächtig, und das ist auch nötig, denn auch wenn die Christen von der Herrschaft der Sünden*macht* befreit sind, sündigen sie doch weiterhin und bedürfen der «Reinigung» von den Sünden und damit des Anschlusses nicht nur an Christus, den «Sieger der [Heils-]Geschichte», sondern auch an Christus, als «die Sühne für unsere Sünden, aber nicht nur für unsere, sondern auch für die der ganzen Welt» (1Joh 2,2). Zu dem in der Vergangenheit vollendeten und weiterhin heilswirksamen irdischen Einsatz Jesu kommt sein gegenwärtiges Wirken als himmlischer Fürsprecher für die Seinen hinzu (1 Joh 2,1). Die Wirksamkeit des Auferstandenen bei Gott wird also als Einsatz für uns Menschen aufgefasst – gewissermassen als die himmlische Fortsetzung seines irdischen Daseins für andere.

Bruderliebe üben und die Glaubensgewissheiten gegenüber der «Welt» bewahren (1 Joh 2,3–17)

Nach der Versicherung des Beistands für alle, die sich ihrer Sünde(n) bewusst sind und sie nicht in religiösem Hochgefühl verdrängen, wird die Argumentation fortgesetzt. Dabei werden noch mehrmals Losungen zitiert (eingeleitet jeweils mit «wer sagt»), die offensichtlich in den angeschriebenen Gemeinden populär waren und wohl auch in dem später direkt angesprochenen Konflikt eine Rolle spielten.

Es geht in dieser Passage (1 Joh 2,3–17) um das Einhalten der Gebote, die für den Briefschreiber im Gebot der Bruderliebe zusammengefasst sind. Wer von sich sagt, er habe «ihn erkannt» (1 Joh 2,4) und «bleibe in ihm» (1 Joh 2,6), muss sich daran messen lassen, ob er seinen Lebensweg so geht, «wie auch er seinen Weg gegangen ist» (1 Joh 2,6 – das Pronomen bezieht sich, wie aus dem Zusammenhang deutlich wird, jeweils auf Jesus Christus).

Dass die Gebote, auf deren Einhaltung hier (1 Joh 2,3–6) gedrungen wird, auch im Singular als «sein Wort» bezeichnet werden können (1 Joh 2,5), zeigt schon, dass es dem Verfasser um das eine Hauptgebot geht, in dem er alle Gebote zusammengefasst sieht. Dieses Hauptgebot entspricht der Liebe Gottes (1 Joh 2,5), die wir als Gottes Wort an uns am Lebenswandel Jesu ablesen können und gleichsam in unsere eigene Lebensführung «einlesen» sollen (1Joh 2,6).

In einer direkten Anrede an die Adressaten seines Schreibens stellt ihnen der Verfasser das Hauptgebot, das er einige Sätze weiter (1Joh 2,10) endlich nennen wird, zunächst als zugleich «altes» und «neues» Gebot vor. «Alt» ist es, weil alle Christinnen und Christen es «von Anfang an» (hier taucht die Wendung aus dem Prolog wieder auf!), also vom Beginn der Christusverkündigung und vom Beginn ihres eigenen Christseins an, als Hauptgebot kennen. «Neu» ist es, weil es zur neuen Zeit gehört, die mit Jesus angebrochen ist. Gottes Licht leuchtet bereits jetzt in der Finsternis, und damit ist die Dunkelheit (der Gottesferne, der Sünde, des Todes) als eine vergehende Periode gekennzeichnet. Mit dem Glauben an Jesus Christus, in dem Gottes Liebe erschienen ist, verbindet sich also ein neues Zeitverständnis. In der Gewissheit, dass in nicht weit entfernter Zukunft die Dunkelheit endgültig vergangen sein wird, kann die Gegenwart als die bereits angebrochene neue Zeit verstanden werden, in der es schon möglich ist, im Licht der Gottes- und Bruderliebe zu leben.

Allerdings kann das Gefühl, «im Licht zu sein», auch in religiöse Selbstgefälligkeit abgleiten. Deshalb wird nun klargestellt: «Wer seinen Bruder liebt, bleibt im Licht» (1Joh 2,10). In ihm ist kein Anstoss, das heisst an ihm muss sich niemand stossen, sein Verhalten bietet keinen Anlass für Irritationen. Wer umgekehrt «seinen Bruder hasst» (1Joh 2,11), lebt noch in der Vergangenheit, tappt noch orientierungslos im Dunkeln. Mit «hassen» ist im hier vorliegenden Sprachgebrauch, der sich auch anderswo in der Bibel findet, nicht unbedingt eine zu aggressivem Verhalten oder gar zur Vernichtung bereite Einstellung gegenüber anderen gemeint, sondern einfach das Verweigern der anteilnehmenden

Liebe – eine Selbstbezogenheit, die gegenüber dem Ergehen anderer zur Gleichgültigkeit führt. Demnach hat es unter denen, die sich von der johanneischen Gemeinschaft getrennt hatten, ein solches Verhalten gegeben, gespeist aus dem Gefühl, selbst vom Licht Gottes beschienen zu werden. Bald wird sich der Briefschreiber direkt den Vorgängen um die «Spalter» der Gemeinschaft zuwenden. Schon jetzt kennzeichnet er alle, die sich der Bruderliebe verweigern, als durch die Finsternis des Hasses Blindgewordene, die nicht wissen, wohin sie gehen (1Joh 2,11). Das Licht der Liebe Gottes ist ihnen in Wahrheit noch nicht aufgegangen, denn sie haben nicht erfasst, dass es sie «zeitgleich» zur Erkenntnis Gottes wie zur Bruderliebe hinführt.

Dabei muss es irritieren, wenn hier und dann immer wieder im 1. Johannesbrief ausschliesslich von der Liebe zu den «Brüdern» die Rede ist. Ziemlich einfach, nämlich mit dem allgemeinen Brauch in der Antike, ist die Nichterwähnung der «Schwestern» zu erklären: Die Frauen waren üblicherweise in die jeweilige männliche Namensform eingeschlossen. So können wir heute die Bruderliebe zutreffend als Geschwisterliebe übersetzen. So wird es im Folgenden hier auch gehandhabt, auch wenn im griechischen Urtext allein die männliche Form verwendet wird. Als Gemeinschaften von Kindern Gottes, mithin als Gemeinschaften von Brüdern und Schwestern verstanden sich die christlichen Gemeinden von Anfang an, und allem Anschein nach wurde das Selbstverständnis als geschwisterliche Gemeinschaft in den johanneischen Gemeinden besonders intensiv gepflegt. Warum aber wird im 1. Johannesbrief die Liebe zueinander, die sich doch aus der Erkenntnis der umfassenden Liebe Gottes zur Welt ergibt, auf den Kreis der «Brüder», also der Gemeindemitglieder (beiderlei Geschlechts) beschränkt? Zunächst ist dazu zu sagen: Der

1. Johannesbrief ist ein ausgesprochener Gemeindebrief, der – wie es auch bereits anklang – in eine Situation hinein geschrieben wurde, in der eben gerade dieser von Liebe geprägte Umgang in den Gemeinden infrage stand. Somit erklärt sich schon zu einem guten Teil daraus die Konzentration auf das «innergemeindliche» Verhalten. Darüber hinaus will der Brief aber doch auch generelle Aussagen über das Wesen des christlichen Glaubens machen – und ist gerade deshalb so wichtig für heutiges Nachdenken darüber. Wenn Jesus also die Sühne für die Sünden der Welt ist (1Joh 2,2), dann ist es vom eigenen Anspruch des Briefs her berechtigt, danach zu fragen, ob hier nicht eine Verengung der ursprünglich von Jesus vorgelebten Nächsten- und Feindesliebe vorliegt.

Wer das Hauptgebot der Geschwisterliebe hält und damit im Licht lebt, bleibt dennoch in der Gefahr, sich an destruktive Begierden und damit an die «Welt» zu verlieren. Deshalb erinnert der Verfasser nun an die der Gemeinde geschenkten Glaubensgewissheiten, die nicht verlorengehen dürfen (1Joh 2,12–17). Dies geschieht in einer (um der Eindringlichkeit willen wiederholten) Anrede an «Kinder», «Väter» und «junge Männer». Den damit gemeinten Christinnen und Christen aller Generationen wird der «Besitz» an Gewissheiten, Glaubenstraditionen und Erfahrungen im christlichen Lebensvollzug vor Augen geführt: die Vergebung der Sünden, die Erkenntnis Gottes (durch den «von Anfang an», nämlich Christus), der Sieg über «den Bösen» (durch die dem Wort Gottes innewohnende Stärke). Dieser «Besitz» an «Glaubensgütern» darf nicht durch falsche Liebe zur «Welt» verlorengehen. Näher wird das, «was in der Welt ist», als *Begierde* beschrieben (1Joh 2,16). (Die Zürcher Bibel übersetzt mit «Begehren», was m. E. den hier eindeutig negativen Klang des griechischen

Wortes *epithymia* nicht ausreichend wiedergibt.) In der Zeit der Abfassung des 1. Johannesbriefs verstand man allgemein unter den «Begierden des Fleisches» Ess- und Trunksucht sowie unmässiges Ausleben der Sexualität. Assoziationen in dieser Spannweite dürfte die Wendung «Begierden des Fleisches» also hervorgerufen haben. Mit der «Begierde der Augen» wird darauf hingewiesen, dass es ja oft visuelle Reize sind, welche die unterschiedlichen Arten des Begehrens auslösen. Auch «das Prahlen mit dem Besitz» beruht auf einer Begierde, nämlich der nach immer mehr materiellen Gütern.

Von alledem wird festgestellt: Es ist «von der Welt», nicht «vom Vater» (eigentlich «aus» der Welt / «aus» dem Vater). Hier findet sich eine für das Johannesevangelium und die Johannesbriefe typische Ausdrucksweise: Indem die Herkunft («aus») genannt wird, werden Verhaltensweisen oder auch Personen positiv oder negativ charakterisiert. Mit der Kennzeichnung «aus der Welt» wird eine Lebenshaltung versehen, die sich von den Begierden in eine Abhängigkeit von dem treiben lässt, was doch vergänglich und nichtswürdig ist. Damit ist die Kraft zur (wahren) Liebe und so auch der ewige Halt bei Gott verloren. Denn die «Welt» in diesem Sinne, also als Inbegriff des Vergänglichen und für das Leben Verderblichen, ist dem Untergang geweiht (1 Joh 2,17), ist die Finsternis, die am Vergehen ist, weil das wahre Licht bereits scheint. Wer in diesem Licht lebt, nämlich «den Willen Gottes tut» (der im Gebot der Bruderliebe konzentriert ist, 1 Joh 2,10) der hat die Verheissung, in Ewigkeit zu bleiben.

Antichristen und Gotteskinder – vom Weggehen und vom Bleiben in der Wahrheit (1Joh 2,18–3,10)

Nun wendet sich der Autor direkt dem Ereignis zu, das seinen Brief an die Gemeinden veranlasst hat: dem Weggang einer Gruppe offenbar bedeutender Gemeindeangehöriger aufgrund unterschiedlicher Glaubenshaltung und Lebensführung. Wie schon des Öfteren redet er die Adressaten hier mit der Autorität eines «Vaters im Glauben» als seine ihm ans Herz gewachsenen «Kinder» an. Seine Sorge um die Bewahrung der Gemeinschaft zwischen ihm (mit Einschluss der hinter ihm stehenden Traditionsträger) und ihnen äussert sich zunächst in scharfer Abgrenzung von denen, die mit ihrem Weggang die in den Gemeinden Verbliebenen offensichtlich tief verunsichert haben. Mit ihnen findet keine Auseinandersetzung im Sinne einer Diskussion ihrer Anschauungen, ihres Verhaltens statt, es werden keine Gegenargumente aufgeboten. Stattdessen wird, noch bevor von den Weggegangenen direkt die Rede ist, eine Endzeit-Szenerie beschworen. Schon im ersten Satz (1Joh 2,18) wird die «letzte Stunde» ausgerufen. Zur endzeitlichen «letzten Stunde» gehört nach den Traditionen des johanneischen Christentums das Auftreten des «Antichrist» – und ebendiesen, sogar vervielfacht, erblickt der Autor in denen, die durch ihren Weggang die Gemeinschaft in eine Krise gestürzt haben.

Die johanneischen Gemeinden haben teil an der alle Christen der ersten Generationen verbindenden Erwartung des nahen Weltendes und der nach der Wiederkunft Christi zum Weltgericht anbrechenden neuen Welt Gottes. An dieser Stelle (1Joh 2,18) begegnen wir aber gleich zwei Ausdrücken, die im gesamten Neuen Testament nur hier im 1. (und, was den Ausdruck «Antichrist» betrifft, auch im 2.) Johannesbrief auftauchen: Die Ausrufung der «letzten Stunde» zeigt – wie in anderen biblischen Texten die Rede von den «letzten Tagen» – die Nähe der endzeitlichen Ereignisse an. Zu diesen gehört nach johanneischer Tradition das Auftreten des Antichrist («Ihr habt ja gehört» verweist auf eine den Gemeindemitgliedern bekannte Überlieferung). «Antichrist» scheint die spezifisch johanneische Bezeichnung für eine Gestalt zu sein, die in zeitgenössischen jüdischen und christlichen Texten im Zusammenhang mit den Endereignissen erwähnt wird. In die christliche Endzeiterwartung eingeführt wurde dieser Gegenspieler Gottes in Gestalt eines falschen Christus oder falschen Propheten (Mk 13,5f.21f.) oder auch als «Sohn des Verderbens» (2Thess 2,3–12). Das griechische Wort *anti* kann «anstelle von» und «gegen» bedeuten. In der Wortschöpfung «Antichrist» liegt die Betonung mehr auf der Gegnerschaft zu Christus, und in der Beschreibung, die hier von dem Antichrist bzw. den Antichristen gegeben wird, geht es um die durch ihn bzw. sie verursachte Verwirrung und Täuschung in Glaubensdingen. Als Verwirrung stiftende Gegner des wahren Bekenntnisses zu Jesus Christus werden die aus der johanneischen Gemeinschaft Ausgeschiedenen beschrieben. Der Autor des 1. Johannesbriefs deutet also die Spaltung innerhalb der Gemeinde als endzeitliches Geschehen und dämonisiert die Verursacher der Spaltung als die sogar in Vielzahl auftretenden Antichristen.

Die «Spalter» stammen aus dem Kreis der johanneischen Gemeinden – daran wird ganz deutlich erinnert (am Anfang von 1Joh 2,19). Aber dies geschieht nur, um gleich darauf festzustellen, dass sie nie wirklich zur Gemeinde gehört haben. Für den Briefautor haben sie durch ihre Abspaltung ihre wesenhafte

Nicht-Zugehörigkeit von Anfang an offenkundig gemacht. Hier wird also keine Hoffnung mehr auf einen Sinneswandel der Abtrünnigen gehegt. Im Gegenteil wird die Spaltung als Auszug derer verstanden, die niemals echte Gemeindeangehörige gewesen sind. Den im Kreis der Gemeinden Verbliebenen will der Autor als Ermutigung vor Augen führen, dass sie in der Wahrheit sind und was sie in der Wahrheit hält. Dafür gebraucht er (1Joh 2,20.27) das Wort *chrisma*, das ebenfalls innerhalb des Neuen Testaments nur hier vorkommt.

Das Substantiv *chrisma* ist vom Verb *chriein* («salben») abgeleitet. Es bedeutet so viel wie «Gesalbtsein» und wird gewöhnlich mit «Salböl» (so die Zürcher Bibel) oder mit «Salbung» übersetzt, wobei letztere Übersetzung die grössere Nähe zum in der Ursprungssprache Gemeinten aufweist. Die Salbung mit Salböl wurde im Alten Orient vielfältig vollzogen und wird bereits im Alten Testament als Ausdruck einer Ausstattung mit besonderen Kräften (zur Königsherrschaft, aber eben auch zum Wirken in der Kraft des Gottesgeistes) erwähnt. Nach urchristlicher Vorstellung war mit der Taufe auch die Weitergabe des Geistes Gottes bzw. Christi an die Getauften verbunden. Das konnte, wie aus späterer Zeit belegt ist, mit einer Salbung im Zusammenhang der Taufe zum Ausdruck gebracht werden. Schon Paulus konnte aber bildhaft davon schreiben, dass Gott die Getauften in Christus «gesalbt» habe (2Kor 2,21.22). In ähnlicher Weise wird der Ausdruck *chrisma* im 1. Johannesbrief die «Ausstattung» der Christen mit dem Geist Christi meinen, zumal dann ausgeführt wird, dass die Christen durch das Chrisma gelehrt sind und dadurch in der Wahrheit gehalten werden. Genau dies wird im Johannesevangelium von dem vom Vater gesandten Geist ausgesagt (Joh 14,17.26). Dass *chrisma* an *christos* («Gesalbter») erinnert, ist möglicherweise der Grund dafür gewesen, dass das Wort hier gewählt wurde, um auszudrücken, was die Christen beim wahren Bekenntnis zu Christus hält.

Der Briefschreiber will nicht den Eindruck erwecken, er müsse seinen Adressaten erst argumentativ vor Augen führen, warum die Lehre der Abtrünnigen falsch ist. Er spricht sie vielmehr darauf an, dass sie durch den Geist Christi «Gesalbte» und also selbst «Wissende» sind. Sie wissen die Wahrheit und sind demzufolge in der Lage, die Lüge zu durchschauen. Gleichsam die Grundlüge ist in 1. Johannes 2,22 benannt: Die «Antichristen» leugnen, dass Jesus der Christus, der Gottessohn ist. Damit ist nicht gemeint, dass sie den Erlöser anderswo gefunden zu haben glauben oder noch auf sein künftiges Erscheinen warten. Vielmehr streiten sie die Identität ab, an der nach Meinung des Briefautors die Wahrheit des christlichen Glaubens hängt: Die Identität des Jesus aus Nazaret – eines Menschen mit einer bestimmten Lebenszeit, schwerem Leiden ausgesetzt und dem Tod unterworfen – mit dem von Gott gesandten «Gesalbten» (Christus), der den Menschen Gottes Wesen offenbart, weil er als der Sohn «aus» dem Vater ist.

Tatsächlich ist es für Menschen, deren Gottesvorstellung von griechischem Denken geformt wurde, schwer möglich, diese Gleichsetzung zu vollziehen. Denn Gott ist dieser Vorstellung zufolge gerade dadurch ausgezeichnet, dass er nicht dem Werden und Vergehen unterworfen und nicht leidensfähig ist. Der Zusammenhang des so vorgestellten Gottes mit Jesus Christus konnte zur Umgehung dieser Schwierigkeit so gedacht werden, dass zwischen dem Menschen Jesus und dem himmlischen Gottessohn/Christus unterschieden wurde: Der Mensch Jesus habe gelitten und sei am Kreuz gestorben, der himmlische Erlöser habe aber nur zeitweise im irdischen Jesus «gewohnt» und nicht an seinem Leidensweg und Sterben teilgenommen. Aus der frühen Geschichte des Christentums sind viele Varianten dieser Anschauung bekannt, der zufolge es nur so geschienen habe, als seien Jesus und der Gottessohn/Christus identisch. Vom griechischen Wort für «scheinen» (*dokein*) abgeleitet, wird diese Anschauung «Doketismus» genannt. Da den Gegnern hier vorgeworfen wird, sie leugneten, dass Jesus der Christus sei, liegt es nahe, sie dem Doketismus zuzuordnen.

Nachdem der Hauptdissens auf den Punkt gebracht ist (1Joh 2,22), schliesst der Verfasser daran eine ins Grundsätzliche gehende Folgerung an: Wer den Sohn leugnet (ihn also als den wirklich Mensch Gewordenen nicht anerkennt), leugnet auch den Vater (1Joh 2,23). Wer also, um in Gottes Wesen eingeführt zu werden und Gemeinschaft mit ihm zu finden, nicht den Weg über Jesus Christus (in der Einheit seines Menschseins und seiner göttlichen Wesensherkunft) geht, wird Gott nicht als den liebenden Vater erfahren, als den ihn Jesus offenbar gemacht hat. Dem, der Jesus Christus in seinem wahren Wesen verfehlt, wird sich auch Gottes Wesen nicht erschliessen. Hier wird also die Gemeinschaft mit Gott ganz eng an die wahre Erkenntnis Jesu Christi gebunden. Diese Glaubenswahrheit haben die Gemeindeangehörigen «von Anfang an» gehört (1Joh 2,24) und als *chrisma*, als Geistesgabe, in sich aufgenommen. Dies zu bewahren, darin zu «bleiben» (ein Lieblingswort des johanneischen Christentums) – das ist es, was ihnen der Briefschreiber ans Herz legt. Dann – so setzt er im Rückbezug zum Prolog hinzu – wird ihnen auch das verheissene ewige Leben gewiss bleiben (1Joh 2,25). Mehr als des Appells zum «Bleiben» in diesem Sinne bedarf es nach Auffassung des Autors nicht. Denn als vom *chrisma*/«Geist» Belehrte haben die Gemeindeglieder weitere Belehrung nicht nötig, wie ausdrücklich festgestellt wird (1Joh 2,27).

Die mahnende Bitte zum «Bleiben» (1Joh 2,27) schliesst den Abschnitt, der sich ausdrücklich mit den Spaltungserscheinungen in den Gemeinden befasste; dieselbe Bitte (1Joh 2,28) eröffnet einen neuen Teil, der den Adressaten vor Augen stellt, was sie sich, wenn sie glaubend bei der Wahrheit bleiben, für die Gegenwart und für die über alles «irdische» Geschehen hinausweisende Zukunft Gottes bewahren. «In ihm» (Christus) sollen Christinnen und Christen bleiben, damit sie bei seiner «Parusie» nicht beschämt «vor ihm» stehen. Damit ist die grosse, von der johanneischen Gemeinschaft mit allen Christengemeinden der ersten Generationen geteilte Erwartung der baldigen «Ankunft» (griechisch *parousia*) Christi angesprochen. Sein «Erscheinen» im Lichtglanz der himmlischen Herrlichkeit sollte dieser Vorstellung zufolge mit dem Endgericht über die Menschen verbunden sein. Dies wird hier nicht weiter ausgemalt, sondern klingt nur an, um die Adressaten durch diesen Hinweis im «Bleiben» zu bestärken: Als diejenigen, die im Glauben «in» Christus «geblieben» sind, werden sie miteinander «seinem Erscheinen mit Zuversicht» (griechisch *parrhesia*, ein Wortspiel mit *parousia*) entgegensehen. Von der Zukunftsschau wendet sich der Blick des Briefschreibers wieder zur Gegenwart. Die Gewissheit, im zukünftigen Gericht zu bestehen, gründet im Wissen darum, dass alle wahrhaft Glaubenden schon jetzt zu *Gottes Kindern* berufen sind. Der Autor schliesst sich hier mit den von ihm Angesprochenen zusammen: «Wir sind es» (1Joh 3,1 – wiederholt in 3,2). Der Satz, mit dem das 3. Kapitel beginnt, ist eine der «klassischen» Grundaussagen des christlichen Glaubens aus dem 1. Johannesbrief: «Seht, welche Liebe uns der Vater gegeben hat, dass wir Kinder Gottes heissen, und wir sind es.» Was ist darin zur Wesensbestimmung der Christinnen und Christen gesagt?

Schon dem Prolog zufolge ist es das Ziel der christlichen Verkündigung, in die sich der Autor mit seinem Schreiben einordnet, Gemeinschaft zu vermitteln «mit dem Vater und seinem Sohn Jesus Christus» und darin auch untereinander (1Joh 1,3). Hier am Ende des 2. und am Beginn des 3. Kapitels wird nun ausgeführt, dass *Gott in seiner Liebe* diese Gemeinschaft ermöglicht hat. Nach einer eher beiläufigen Erwähnung (1Joh 2,5) ist hier erstmals betont von Gottes *Liebe* die Rede. Liebe als Wesensbestimmung Gottes und unsere Möglichkeit, daran Anteil zu haben: Dies wird das grosse Thema des 4. Kapitels sein. Jetzt, zu Beginn des 3. Kapitels, werden die angeredeten Christen freudig-eindringlich («Seht!») auf die Gotteskindschaft als Geschenk der Liebe Gottes hingewiesen. Dass die Glaubenden Kinder Gottes sind, ist eine für das johanneische Denken charakteristische Aussage. Davon abgesetzt wird *Jesus* stets und ausschliesslich als Gottes *Sohn* bezeichnet.

Der Metapher von der Gotteskindschaft geht in 1. Johannes 2,29 die ähnliche vom «Gezeugt-» bzw. «Geborensein» aus Gott voraus. (Beide Übersetzungen sind möglich, aber im Vorblick auf 1Joh 3,9, wo dann vom «Samen» Gottes die Rede ist, muss auch hier schon mit «gezeugt» übersetzt werden.) Der Sinn der Metapher ist es, die besondere Herkunft der Glaubenden herauszustellen. Denn diese erschöpft sich nicht in den irdisch-natürlichen Zusammenhängen. Von Menschen, die sich im Glauben für das «Wort des Lebens» geöffnet haben, muss jenseits der natürlichen Herkunft von einem ursprünglichen Lebenszusammenhang mit Gott gesprochen werden. Die Metapher von der «Zeugung» durch Gott bezieht sich also wie die von der «Salbung» auf das schöpferische Wirken des Gottesgeistes: Obwohl in die natürlichen Lebensverhältnisse eingebunden, werden doch Menschen, die den Gottessohn in ihr Leben aufnehmen, durch Gottes Macht der Liebe in einen neuen, umfassenden und ewigen Lebenszusammenhang mit ihm hineingeschaffen. Diese «Gotteskindschaft» verdankt sich allein dem Glauben und ist nicht an «natürliche» (biologische, soziale) Voraussetzungen gebunden. Die Taufe ist gewissermassen die Dokumentation des schöpferischen Geisteswirkens und der Beginn des wahren und bleibenden Lebens als «Gotteskind».

«Wir sind Kinder Gottes» – diese von Gott allen Glaubenden geschenkte neue Lebenswirklichkeit und Würde ist verbunden mit einer Distanz zur «Welt». Das Wort steht hier (1Joh 3,1) wieder (wie schon 1Joh 2,15–17) als Inbegriff einer Lebenshaltung, die ganz in der Begierde nach vergänglichen Dingen aufgeht und davon so abhängig geworden ist, dass ihr die Wirklichkeit Gottes verschlossen bleibt. Das Leben «jenseits» der «Welt» in der Sphäre der engen Verbundenheit mit Gott ist aber noch nicht die Vollendung – «was wir sein werden» ist «noch nicht zutage getreten» (1Joh 3,2). Das ist möglicherweise gegen ein falsches Vollendungsbewusstsein in den eigenen Reihen bzw. unter den aus der Gemeinde Ausgeschiedenen gesagt. Die Vollendung liegt für den Briefautor in der Zukunft, die Gott heraufführen wird, wenn auch die «letzte Stunde» dieser Welt vergangen sein wird und wenn die wahrhaft Glaubenden das Endgericht ohne Beschämung bestanden haben werden. In welcher Weise sich der Autor die Vollendeten vorstellt, «wenn es offenbar wird», deutet er in den letzten Sätzen des 2. Verses an. Was der Briefautor hier mit wenigen Worten als «Sehen» Gottes bzw. Christi beschreibt, das möglich wird, weil die Glaubenden Gott bzw. Christus gleich oder ähnlich sein werden (beide Übersetzungen sind möglich), das war ihm und den Adressaten sicher aus anderen Kulthandlungen bekannt: Damals wurde man in vielen religiösen Kulten in deren Geheimnisse «eingeweiht», bekam schliesslich das Kultbild der Gottheit zu sehen und wurde durch diesen Anblick in das Bild der Gottheit hineinverwandelt, gewissermassen «vergottet». Ähnlich wird hier von einer – freilich zukünftigen – Schau Gottes/Christi gesprochen, und wenn wir bei der in der Zürcher Bibel gewählten Deutung auf Gott bleiben und uns an die zentrale Aussage «Gott ist Licht» erinnern –, dann kann man das im 3. Kapitel (1Joh 3,1f.) Gemeinte so verstehen: «Wir» können *jetzt* als Kinder Gottes in seinem Licht leben – *dann* aber werden «wir» selbst hineinverwandelt sein in sein Licht, werden selbst voll göttlichen Lichtglanzes sein und werden ihn, Gott, in seinem Licht sehen, als seine Kinder nun dem «Sohn» gleich.

Dieser Hoffnung traut der Briefschreiber motivierende Kraft zu (1Joh 3,3): Sie soll die Gemeindeangehörigen darin stärken, sich zu «reinigen», so wie «jener» (das bezieht sich im 1. Johannesbrief immer eindeutig auf Christus) «rein» ist. «Reinheit» bedeutete einmal *kultische* Reinheit für die Durchführung des Opfergottesdienstes im Jerusalemer Tempel. Diese ist hier aber natürlich nicht gemeint – Opfergottesdienste waren ja für Christen nicht mehr der Weg zur Versöhnung mit Gott, und seit der Zerstörung des Tempels durch die Römer im Jahre 70 n. Chr. waren sie ohnehin zum Erliegen gekommen. Im gesamten Neuen Testament wird von « Reinheit» nur noch in übertragener Bedeutung gesprochen: Es gilt, durch ein ethisch klares, tadelloses Verhalten (in 1Joh 2,29 etwas konkreter: durch gelebte Gerechtigkeit) Christus zu entsprechen (von dem die Christen ja wissen, dass er «rein» bzw. «gerecht» – wiederum 1Joh 2,29 –

ist). Dieser «Reinheit» bzw. «Gerechtigkeit» wird zugetraut, dass sich daran die echte Hoffnung der Kinder Gottes, ja sogar ihr Ursprung aus Gott, die Echtheit ihrer Gotteskindschaft erweisen lässt. Damit aber steht wieder die Frage auf der Tagesordnung, ob denn ein Leben in dieser «Reinheit», in dieser durchgängigen Gerechtigkeit und Geschwisterliebe möglich ist – mit anderen Worten: Ob und in welcher Weise es für Christen möglich ist, ohne Sünde zu leben. In einem neuen Anlauf kommt der Briefautor darauf zurück (1Joh 3,4–10). Der Grund dafür liegt in seiner Orientierung am Lebensvollzug der Christen. Wenn es wahr ist, dass in Christus das Leben erschienen ist, das wahre, bleibende, erfüllte Leben, dann muss dieses neue Leben ja alle Lebensvollzüge derer durchdringen, die sich für die Gemeinschaft mit Christus und durch ihn mit Gott geöffnet haben. Die neue «Lebensqualität» möchte der Autor beschreiben, indem er zeigt, dass und inwiefern die Sünde als die den Menschen fremdbestimmende, fehlorientierende Macht nunmehr für die «Gotteskinder» vergangen ist.

Er beginnt damit (1Joh 3,4), dass die Sünde in ihrer Gefährlichkeit noch einmal neu charakterisiert wird: «Sünde ist das, was dem Gesetz nicht entspricht» (im Originaltext steht hier *anomia*, «Gesetzlosigkeit»). Die Aussage, dass Sünde *Gesetzlosigkeit* ist und sündigen bedeutet, Gesetzlosigkeit zu verbreiten, ist im Licht der Endereignisse zu verstehen, die der Autor heraufziehen sieht. Es geht hier nicht vordergründig um die Verletzung der Gesetze, ohne die kein Gemeinwesen bestehen kann. «Gesetzlosigkeit» ist in vielen zeitgenössischen jüdischen und christlichen Schriften die Signatur des letzten Zeitabschnitts dieser vergehenden Welt. An dem Chaos, in das die widergöttlichen Mächte die Welt stürzen, bevor Christus zum Gericht erscheint, sind alle beteiligt, die

«Sünde tun». In diesen unheilvollen Zusammenhang wird hier also die Sünde mit ihrer Kennzeichnung als «Gesetzlosigkeit» gestellt. Dagegen wird nun im darauffolgenden Vers (1Joh 3,5) wieder an den rettenden Einsatz Jesu Christi erinnert. Ziel seines Kommens war es, die Sünde «wegzutragen». Dieser Ausdruck und die Betonung der Sündlosigkeit Jesu Christi zeigen an, dass der Autor in den Kategorien des Sühnopfers denkt und den Einsatz Jesu entsprechend versteht (wie auch insbesondere schon in 1Joh 1,6–2,2 deutlich geworden war). Denn für die Wirksamkeit des Opfers ist es ja diesem Denken zufolge entscheidend, dass sowohl der Opfernde als auch das Opfer makellos sind. Wer «in ihm» bleibt, wer also wesensmässig in Christus eingebunden ist, «sündigt nicht» (1Joh 3,6). Und umgekehrt hat, wer sündigt, Christus nicht «gesehen» und «erkannt». «Sehen» und «erkennen» sind hier wie ähnlich in 1. Johannes 2,3–6 gleichbedeutend mit dem «Bleiben» oder «Sein» in Christus. Solche Aussagen fordern die Frage heraus, wie denn «sündigen» hier gemeint sein kann: Geht es um einzelne Verfehlungen (die ja im ersten Briefabschnitt realistischerweise zugestanden werden)? Oder ist damit gemeint, dass alle, die in der Verbindung mit Christus bleiben, von der *Macht* der Sünde im Sinne des *Zwangs* zum Sündigen befreit sind? Die Kennzeichnung der Sünde als Gesetzlosigkeit, mit der sie gleichsam als endzeitliche Chaosmacht gebrandmarkt wird, lässt zunächst vermuten, dass Letzteres gemeint ist. In der Tat geht es in den folgenden Sätzen um die wiederholte und vertiefte Warnung vor der Sünde als einer Macht, die den Menschen wesensmässig prägt. Dabei wird davon ausgegangen, dass das Tun auf das Wesen eines Menschen schliessen lässt: «Wer tut, was der Gerechtigkeit entspricht» (1Joh 3,7), erweist sich damit als in seinem Wesen gerecht, weil mit Christus, dem Gerechten, innerlich verbunden («jener» ist hier wieder die Chiffre für Christus). Umgekehrt werden alle, die «Sünde tun» (im Sinne des Handelns unter den Zwängen der Sündenmacht) in bisher in diesem Brief noch nicht erlebter Radikalität als «aus dem Teufel» charakterisiert (1Joh 3,8).

Schon einmal (1Joh 2,13f.) war «der Böse» als Person genannt worden. Ihn besiegt zu haben, wurde dort den «jungen Männern» zugesprochen. Hier nun wird im griechischen Text das bekannte Fremdwort *diabolos* gebraucht. Ein Unterschied in der Bedeutung ist damit nicht verbunden, auch wird nicht eigens über die Herkunft des Teufels nachgedacht. Die Vorstellung von solch einer Ursprungsmacht des Bösen wird einfach vorausgesetzt. Sie ist zur Zeit der Entstehung des 1. Johannesbriefs so etwas wie christliches Gemeingut, übernommen aus damals verbreiteten jüdischen Schriften. Darin ist die sporadisch im Alten Testament anzutreffende Vorstellung von einem himmlischen Ankläger der Menschen vor Gott, vom *satan*, verändert und ausgeweitet. Der *satan*, ins Griechische übersetzt mit *diabolos*, wurde nun zum Widersacher Gottes, der die Menschen von jeglicher Bindung an Gott lösen und zur Sünde verführen will. Im frühen Christentum mit seinem «Endzeitbewusstsein» wird der Teufel als Gegenmacht zu Christus und dem mit ihm anbrechenden Reich Gottes gesehen. Während in den neutestamentlichen Schriften aufs Ganze gesehen die Vorstellung vom Teufel keine grössere Bedeutung hat, ist im Vergleich dazu im 1. Johannesbrief, bezogen auf den Umfang der Schrift, relativ oft vom Teufel die Rede. Zu der Sachverhalte, Lebenssphären, Heil und Unheil gegenüberstellenden und entgegensetzenden «dualistischen»Ausdrucksweise des Briefs (Licht – Finsternis, Reinheit/Gerechtigkeit – Sünde usw.) passt die Vorstellung vom Widersacher Gottes und Christi, der Menschen unter die Gewalt der Sünde bringt und sie damit an sein «Reich», die «Welt» – als Inbegriff der gottfernen Wirklichkeitssphäre – bindet. Die Überlegenheit Gottes wird freilich stets festgehalten. Beispielsweise, wenn vom Teufel gesagt wird, dass er «von Anfang an» sündigt. Die Wendung «vom Anfang an» (*ap' arches*) meint immer einen Anfang in der Zeit, innerhalb der Geschichte – im Gegensatz zu *en arche* («im Anfang»), das in der johanneischen Terminologie den Uranfang jenseits der Zeit bezeichnet und für die göttliche Wirklichkeit reserviert ist. Der Teufel ist also nicht etwa mit Gott «gleichursprünglich», er hat keine «Ewigkeitsgeltung».

Mit dem Urteil, dass alle, die «Sünde tun», «aus dem Teufel», also in ihrem Wesen von der gegengöttlichen Macht geprägt sind, wird denen, die es betrifft, abgesprochen, dass sie sich noch aus eigener Anstrengung von diesen falschen Bindungen befreien können. Zu stark ist der Sog der materiellen Begierden, der sie in die Abhängigkeiten von der «Welt» getrieben hat, deren Herrscher der Teufel ist. Die Kennzeichnung, «aus dem Teufel» zu sein, klingt zunächst wie die Vorwegnahme der endgültigen Entscheidung über die Sünder. Dagegen aber heisst es nun weiter (1 Joh 3,8), dass Christus, der Sohn Gottes, erschienen ist, um die Werke des Teufels zu *zerstören*. Das also, was der Teufel bewirkt hat, die Verstrickung in Schuldzusammenhänge, wird zunichte, wenn sich Menschen an Christus wenden und durch ihn in die licht- und heilvolle Wirklichkeit Gottes eintreten können. Als seine Kinder sind sie den unheilvollen Zwängen entnommen. Folgerichtig wird diese Befreiung von der Sünde für diejenigen, die aus Gott «gezeugt» sind, thematisiert (1 Joh 3,9) – wobei die Metapher von der Gotteskindschaft aus den ersten beiden Versen des 3. Kapitels wiederaufgenommen wird.

Zur «Zeugung aus Gott» (1Joh 2,29) kann jetzt ergänzt werden, dass «sein Same» in ihm bleibt, wobei dem Zusammenhang nach eindeutig gemeint ist, dass der göttliche «Samen» in allen bleibt, die aus Gott «gezeugt» sind. Was besagt diese neue Wendung inhaltlich? Als Bestandteil der auf das Wirken des Geistes bezogenen Metapher vom «Gezeugtsein» betont das Wort vom göttlichen «Samen» die bleibende und prägende Gegenwart des Geistes in den «Gotteskindern». Entsprechend der antiken Anschauung, dass die Erzeugten vom Sperma des Erzeugers in ihrer Entwicklung dauerhaft geprägt sind, soll das Bildwort vom «Samen» Gottes wohl besonders betonen, dass die Gotteskinder von vornherein auf das «Nicht-sündigen-Können» festgelegt sind. Denn genau dies wird ja aus dem «Bleiben» des göttlichen Samens in den aus Gott «Gezeugten» gefolgert: Für alle wahren Kinder Gottes gilt eine «Nicht-Beziehung» zur Sünde (1Joh 3,9). Konnte man die vorausgehende Argumentation noch so verstehen, dass die (vom Widersacher Gottes, dem Teufel, herstammende) *Macht* der Sünde im Sinne der unrettbaren Verstrickung der Menschen in die «Welt» durch Christus zerstört sei, so wird nun etwas behauptet, was der Verfasser noch im 1. Kapitel als grundverkehrte Ansicht zurückgewiesen hatte: Ein Kind Gottes *tut* keine Sünde und *kann* gar nicht sündigen. Demgegenüber heisst es dann später: «Wenn wir sagen: ‹Wir haben keine Sünde›, täuschen wir uns selbst, und die Wahrheit ist nicht in uns» (1Joh 1,8). Dies wird dann in den folgenden Versen sogar noch dahingehend verschärft, dass mit dieser Meinung Christus zum Lügner gemacht würde, denn wer keine Sünden zu bekennen habe, bedürfe ja auch nicht der Vergebung durch Christus. Zwischen diesen eindeutigen Aussagen im Anfangsteil des Briefs und der an dieser Stelle (1Joh 3,9) vertretenen Meinung kann nichts vermittelt und ausgeglichen werden.

Hier besteht ein offener Widerspruch, der zunächst nur anzeigt, dass der Briefautor offenbar hin- und hergerissen ist. Er möchte deutlich machen, dass mit der Wende zur Gotteskindschaft in der Taufe allen Christinnen und Christen die schöpferische Kraft des Gottesgeistes bleibend mitgeteilt worden ist, dass jedes so «gezeugte» Gotteskind unverlierbar zum «Vater» gehört und damit der unheilvollen Sündensphäre ein für alle Mal entnommen ist. Die Verbindung mit Gott wird in den dafür gewählten Metaphern quasi naturhaft beschrieben, sodass es folgerichtig zu der Aussage kommt, ein wahres Gotteskind *könne* gar nicht mehr sündigen. Andererseits weiss der Autor, dass auch Christinnen und Christen sehr wohl sündigen, also gegen Gottes Gebote verstossen, und damit auf die Vergebung und Fürsprache Christi angewiesen bleiben. Sie sind also nur insofern von der Macht der Sünde befreit, als sie Zugang zur Vergebung haben und dadurch als Gottes Kinder im Bereich seiner Liebe bleiben. Zwischen diesen beiden Positionen hat der Autor sich offensichtlich noch nicht klar entscheiden können. Es handelt sich deshalb vermutlich nicht nur um einen Zwiespalt im Herzen des Briefschreibers selbst, sondern es verweist auf unterschiedliche Sichtweisen in den Gemeinden.

Im weiteren Verlauf des Briefs wird deutlich, dass er weiterhin mit dem Problem ringt. Diese Stelle (1Joh 3,9) ist also noch keinesfalls als Schlusswort in dieser Angelegenheit zu verstehen. Und es ist auch nicht derart «offenbar», dass aufgrund ihrer Stellung zur Sünde Gottes- und Teufelskinder eindeutig zu erkennen sind, wie anschliessend (1Joh 3,10) behauptet wird. Immerhin wird in diesem Vers klar, dass es eben konkret um das *Tun* der Gerechtigkeit und der Geschwisterliebe geht, wenn es zu unterscheiden gilt, in welcher «Machtsphäre» sich ein Mensch mit seiner Lebensführung bewegt – ob gefangen in der Sünde oder zu Gerechtigkeit und geschwisterlichen Liebe befreit als Gotteskind. Damit wird die der «Zeugungs»-Metapher innewohnende Tendenz zur Annahme einer göttlichen Vorherbestimmung der Menschen zum Heil oder Unheil zumindest abgeschwächt: Gottes- und Teufelskindschaft beruhen nicht auf einer im Dunkeln liegenden göttlichen «Ur-Wahl», sondern gründen in konkreten Verhaltensweisen und Lebensentscheidungen, die dann allerdings in heil- oder unheilvolle Bindungen führen. Ist aber Christus gekommen, um die Werke des Teufels zu *zerstören*, dann bleibt grundsätzlich allen der Weg aus dem Abhängigkeitsverhältnis von den Unheilsmächten zur befreienden Gotteskindschaft offen. Daher klingt die Einteilung in Gottes- und Teufelskinder, sicher auch vorgenommen unter dem Eindruck der angebrochenen «letzten Stunde», zu endgültig und schlägt vorzeitig die Tür zu, die doch Gott durch Jesus Christus für alle Menschen weit geöffnet hat. Davon war im 1. Johannesbrief an anderer Stelle (1Joh 2,2) bereits zu lesen, und davon wird in der Entfaltung des Wesens Gottes als Liebe weiter und klarer noch zu lesen sein.

«Nicht so wie Kain ...» – vom Bleiben in Gott und seinem Gebot (1Joh 3,11–24)

Die Bruderliebe wurde schon unmittelbar vorher erwähnt (im letzten Satz von 1Joh 3,10) – wenn auch erst einmal nur in Form der Feststellung, dass sie den «Kindern des Teufels» fehlt. Jetzt aber wird die Liebe zueinander ausdrücklich zum Thema des nächsten Abschnitts und zu dessen Beginn mit einer gewissen

Feierlichkeit eingeführt: «Denn das ist die Botschaft, die ihr von Anfang an gehört habt: dass wir einander lieben» (1Joh 3,11).

Diese feierliche Formulierung erinnert an eine frühere Stelle (1Joh 1,5), wo mit ähnlichen Worten die Botschaft «Gott ist Licht» eingeleitet worden war. Die Liebe zueinander wird im 1. Johannesbrief also nicht «nur» als ein aus der Heilsbotschaft *abgeleitetes Gebot*, sondern als zu deren *Wesen* gehörig betrachtet. Zur guten Nachricht von Gott, in dem es keinerlei Finsternis gibt, gehört die Ermächtigung zum Leben im Licht seiner Liebe und damit auch dazu, einander zu lieben. Auch diese Botschaft haben die Adressaten «von Anfang an» gehört, sie war also Bestandteil ihrer Taufunterweisung wie überhaupt Thema in den Versammlungen der Gemeinde. Zur Botschaft von der geschwisterlichen Liebe wird im nächsten Vers zunächst ein abschreckendes Gegenbild gezeichnet. Dazu greift der Briefschreiber auf die Erzählung von Kain und Abel zurück, die im 4. Kapitel des Buchs Genesis zu finden ist.

An den Brudermörder Kain wird an unserer Stelle erinnert, weil er mit seiner grausamen Tat das Urbild des «aus dem Bösen» Stammenden (1Joh 3,12), aus teuflischem Hass Handelnden darstellt. Von Bruderhass und Brudermord hebt sich hell die Botschaft der Bruderliebe ab. Sie gehört in die Sphäre des göttlichen, wahren Lichtes, das bereits scheint (1Joh 2,8). Aber die im Licht dieser Liebe Lebenden und Handelnden müssen wissen, dass sie selbst Zielscheibe des Hasses derjenigen werden können, die ins Böse verstrickt sind (1Joh 3,13). Kains Bruderhass und Brudermord steht hier für die Art und Weise, wie es in der «Welt» zugeht – «Welt» wiederum verstanden als Inbegriff der die Menschen in Abhängigkeit haltenden, zum Bösen verführenden Wirklichkeit. Dieser dunklen «Zwangsanstalt» sind Christinnen und Christen entnommen, und gerade deswegen trifft sie der Hass der «Welt». Die Schroffheit, mit der das festgestellt wird, lässt auf bittere Erfahrungen mit dem «Hass der Welt» schliessen, die aber nicht weiter konkretisiert werden.

Der Übergang von der Welt der Bosheit, des Geschwisterhasses und Geschwistermordes in die Lichtwelt der Gottes- und Geschwisterliebe wird als der Schritt vom Tod ins Leben beschrieben (1Joh 3,14). Es ist ein Hauptsatz der johanneischen Theologie, dass der Übergang zum wahren und bleibenden Leben schon damit geschehen ist, dass ein Mensch sich vertrauensvoll Christus als dem Sohn Gottes anschliesst. Der entscheidende Schritt vom Tod ins Leben wurde möglich durch die Lebenshingabe Christi, auf die im übernächsten Vers Bezug genommen wird (1Joh 3,16). Davor wird auf den Zusammenhang von hasserfüllten Gedanken und mörderischen Taten hingewiesen (1Joh 3,15). Nicht erst wer Gewalt ausübt, sondern schon, wer sich zu hasserfüllten Gedanken und Hasskommentaren herabziehen lässt oder Hilfe von Mensch zu Mensch verweigert, ist ein Menschenmörder und kann als solcher keinen Anteil am bleibenden, ewigen Leben haben. Die Liebe dagegen ist in ihrem Wesen an dem grundlegenden Geschehen zu erkennen, das der folgende Vers (1Joh 3,16) benennt: dem Lebenseinsatz Jesu. Jesus hat sein Leben hingegeben (hier steht für «Leben» im Griechischen das Wort *psyche*, womit das irdische Leben in seinen Grenzen und auch die darin wirksame Energie und Willenskraft gemeint sind). Dieser Grundvorgang der Lebenshingabe wirkt erlösend für alle, die darin den Erweis der Liebe Gottes erkennen und sich von Jesus hinüberführen lassen in das wahre Leben. Mit seiner Lebenshingabe ist Jesus das Urbild der Geschwisterliebe bis zur letzten Konsequenz – und damit auch das Vorbild für Christinnen und

Christen, die im Ernstfall zu ebensolchem Einsatz füreinander verpflichtet sind.

Nach dem ernsten Hinweis auf die äusserste Konsequenz der geschwisterlichen Liebe folgt die Schilderung einer konkreten alltäglichen Situation, die dem Verfasser offensichtlich aus Erfahrung wichtig ist (1Joh 3,17): Es gibt Menschen in der Gemeinde, die genug zum Leben haben («Leben» hier mit dem griechischen Wort *bios* im Sinne unseres Ausdrucks «Lebensunterhalt» wiedergegeben). Sie haben das, was man in der Welt zum Leben braucht, aber sie verschliessen ihr Herz vor den Bedürftigen, obwohl sie deren Not deutlich vor Augen haben. Die hier Gemeinten werden nicht näher benannt. Es könnte aber durchaus sein, dass die aus der Gemeinde «Ausgetretenen» begütert waren, gleichzeitig aber in ihrem hohen Gottesbewusstsein alles Materielle und auch die materiellen Bedürfnisse anderer glaubten verachten zu können.

Auf jeden Fall läuft die diesen Vers abschliessende rhetorische Frage auf die Feststellung hinaus, dass niemand davon reden sollte, die Liebe Gottes in sich zu haben, der nicht auch den Blick und das offene Herz für die Geschwister in ihrer Not hat. In einer einprägsamen Aufforderung wird darauf das eben Geschriebene nochmals zusammengefasst (1Joh 3,18): Die Liebe gelangt nur zur Wahrheit (und nicht nur zu theoretischer Gültigkeit), wenn sie in der Tat wirksam ist. «Daran», nämlich an der tatkräftig ausgeübten Geschwisterliebe, «werden wir erkennen, dass wir aus der Wahrheit sind» (1Joh 3,19) – also wesensmässig in dem wahren Leben sind und bleiben, das Gott uns durch Jesus erschlossen hat. Wenn unsere Liebe – nicht mit dem Mund, sondern mit der Tat, wie es vorher (1Joh 3,18) hiess – das Kriterium für unser «Sein aus der Wahrheit» ist, dann wird unserem Verhalten damit eine «Beweislast» aufgeladen, die es, wenn wir ehrlich uns selbst gegenüber bleiben, nicht immer tragen kann. Und so spricht denn der Verfasser auch sogleich eine Situation an, in der das Herz einen verurteilt. Das «Herz» ist in der biblischen Vorstellungswelt das Innerste des Menschen, das Personzentrum – und damit auch der Sitz des Verantwortungsgefühls, das Gewissen. Der Briefautor führt die Adressaten in eine allen wohlbekannte Situation, in der das Gewissen einen verklagt, weil man eben dem Anspruch, «in Tat und Wahrheit» zu lieben, nicht gerecht geworden ist. Im Gewissen wird das künftige Gericht, von dem ja bereits zuvor im Brief die Rede war, gleichsam vorweggenommen. Aber – und das ist nun die entlastende Pointe dieser Sätze: Gott ist grösser als unser Herz, sodass wir unser Herz beschwichtigen, unser Gewissen beruhigen können. Dass Gott «alles erkennt», meint gerade nicht die kalte, lückenlose Registrierung unserer Sünden, sondern im Gegenteil seinen liebenden und vergebenden Blick auf unser Leben. Dass Gott die Menschen auf eben diese Weise «erkennt», hat er in Jesus Christus dokumentiert. Gottes Erkenntniskraft ist die Kraft der Liebe, und kraft seiner Liebe wird die Gerichtsangst, die unser Inneres erzeugt, abgelöst von einer freien, gewissen Haltung Gott gegenüber (1Joh 3,21). Dasselbe Wort «Zuversicht» (griechisch *parrhesia*) wurde bereits vorher (1Joh 2,28) für die Haltung gebraucht, mit der Christinnen und Christen die Wiederkunft Christi zum Gericht erwarten können. Überhaupt tauchen in dieser Passage (1Joh 3,19–21) einige der Ausdrücke und Wendungen aus der Vorstellungswelt vom künftigen Endgericht wieder auf und werden hier auf die gegenwärtige «innere Gerichtssituation» der Christinnen und Christen angewendet.

An den genannten Versen ist erkennbar, wie die insgesamt seelsorgerliche Ausrichtung des Briefs immer wieder dominiert und auch zur Selbstkorrektur des Autors führt. Denn er hat ja durch die These von der «natürlichen» Sündlosigkeit der Christen (1Joh 3,9) und die Einführung der tatkräftigen Liebe als Kriterium des Lebens in der Gotteswahrheit (1Joh 3,19) zur Beunruhigung der Herzen gerade erst selbst beigetragen. Mit dem Verweis auf Gottes alle «Normenkontrollklagen» des Herzens liebend übersteigende Erkenntnis hat der Briefschreiber nun aber diese Aussagen modifiziert und den Weg bereitet für das «Hohelied der Gottesliebe» im folgenden Kapitel.

Die zuversichtliche Haltung Gott gegenüber äussert sich in der Freiheit zum unbefangenen Bittgebet, das der Erhörung gewiss ist (1Joh 3,22). Wer als Gotteskind mit Zuversicht Gott bittet, kann dies nur geleitet von Gottes Geboten (bzw. vom Liebesgebot als deren Zusammenfassung) tun, also in Übereinstimmung mit Gottes Willen und zu Gottes «Gefallen». Daran anknüpfend wird nun eine Kurzfassung des von Gott Gebotenen formuliert (1Joh 3,23): «dass wir dem Namen seines Sohnes Jesus Christus vertrauen und einander lieben». Erstmals im Brief taucht hier das Verb «glauben» (griechisch *pisteuein*) auf, und zwar (wie es die Übersetzung der Zürcher Bibel zutreffend wiedergibt) im Sinne des *Vertrauens* auf Jesus Christus. Dass hier «glauben» bzw. «vertrauen» und «einander lieben» unter dem Oberbegriff «Gebot» erscheinen, macht deutlich: Der Verfasser möchte gerade eine «Rangordnung» von Glauben und am Liebesgebot orientiertem Handeln vermeiden und stattdessen deren Ineinander betonen. So hat er auch ein sehr «innerliches» Verhältnis zu den Geboten: Da er sich, wie der folgende Vers (1Joh 3,24) klar macht, die Beziehung Gottes zum Menschen und die Beziehung des Menschen zu Gott als ein gegenseitiges «Ineinander-Sein» denkt, liegt dann auch das Tun der Gebote, zusammengefasst im Liebesgebot, innerhalb dieser Beziehung. Die Denkfigur des gegenseitigen Ineinanders von Gott und Mensch (die in 1Joh 2,24 bereits einmal anklang) ist für den 1. Johannesbrief bedeutsam. Die glaubenden Menschen sind «in Gott» bewahrt wie in einer Sphäre des Heils, gleichzeitig tragen sie Gott «in» sich. Nämlich dann, wenn das, was sie «von Anfang an» gehört haben (1Joh 2,24), das «Wort des Lebens» (1Joh 1,1), in ihnen bleibt. Das «Bleiben» betont die gegenseitige Verlässlichkeit in dieser Beziehung. Es handelt sich seitens des Menschen bei der Glaubensbeziehung also nicht um eine vorübergehende religiöse Hochstimmung, sondern um ein lebensgrundierendes Verhältnis. Dieses umfasst eben auch und vor allem das Leben in der Liebe und ist ohne dieses nicht wirklich.

Dass Gott in uns wirkt, erkennen wir am Geist (1Joh 3,24), so heisst es in dem Vers, der diesen Abschnitt beschliesst. Auch vom «Geist» (griechisch *pneuma*) ist hier erstmals im Brief die Rede, der Sache nach aber entspricht *pneuma* dem *chrisma* aus dem 2. Kapitel, das in den Glaubenden bleibt und sie bei der Wahrheit Gottes hält. Freilich muss auch hierbei wieder differenziert und geprüft werden. Das ist, vom Stichwort «Geist» ausgehend, das Thema des nächsten Abschnitts.

Zur Unterscheidung der Geister (1Joh 4,1–6)

Aus aktuellem Anlass werden die Adressaten zum «Prüfen der Geister» aufgefordert (1Joh 4,1) – also zum kritischen Hinterfragen, welches denn die bewegenden Kräfte hinter Glaubensäusserungen sind: Viele Pseudopropheten (so wörtlich) «sind hinausgegangen in die Welt». Viel Falsches und Irreführendes wird also – scheinbar von Gottes Geist gewirkt – verkündet. Die Wendung von den vielen in die Welt hinausgegangenen Pseudopropheten erinnert auffallend an die ganz ähnlich formulierte von den vielen Antichristen (1Joh 2,18) und bezieht sich demnach ebenfalls auf die aus der Gemeinde Ausgeschiedenen. So läuft auch die Argumentation darauf hinaus, dass der Antichrist mit seiner Macht hinter ihrem Wirken steht (1Joh 4,3). In den Versen 2 und 3 wird den Briefempfängern ein Kriterium zur Unterscheidung der «Geister» an die Hand gegeben: Der Geist Gottes ist in jedem lebendig, «der sich zu Jesus Christus bekennt, der im Fleisch gekommen ist». Dieser Ausdruck besagt, dass Jesus, der Christus, der von Gott gesandte Erlöser, in die begrenzte menschlich-irdische Daseinsweise hineingekommen ist – bis hin zum Tod am Kreuz.

Diese Verbindung des Menschen Jesus und des Gottessohns zu bekennen, wird als Kriterium für das Erfülltsein von Gottes Geist, für das «Sein aus Gott» (1Joh 4,4) genannt. Der Verführung zu einer anderen Sichtweise (nämlich der Verehrung allein des himmlischen Christus) haben die in der Gemeinde Gebliebenen widerstanden und damit den Sieg über die Falschpropheten errungen. Dieser Sieg kam nicht durch gleichsam angeborene Glaubenskräfte zustande, sondern durch die in den Gemeindemitgliedern wirksame Kraft Gottes. «Der in euch» (also Gott in der verknappenden und gleichzeitig mystifizierenden Ausdrucksweise des Autors) «ist grösser als der in der Welt» (also der Teufel als Macht des Bösen). So drückt es Vers 4 aus, während der folgende Vers andeutet, dass die Lügenpropheten bei der Verbreitung ihrer Lehren durchaus erfolgreich sind (1Joh 4,5). Das wird damit erklärt, dass sie – anders als die angeschriebenen Gemeindemitglieder – zur «Welt» gehören, entsprechend reden und

Gehör finden. Dessen ungeachtet verbreitet der den Abschnitt abschliessende Vers (1Joh 4,6) die ruhige Zuversicht, dass Briefautor wie Adressaten «aus Gott» sind und dass auch die echte Glaubensbotschaft vom Leben, das von Gott her in dem Menschen Jesus erschienen ist, gehört werden wird.

Das johanneische «Hohelied der Liebe» (1Joh 4,7–21)

Mit diesem Abschnitt erreicht der 1. Johannesbrief seinen Höhepunkt. Obwohl (oder gerade weil) hier viele in den johanneischen Gemeinden bekannte «Glaubensformeln» verarbeitet sind, beeindrucken die knappen, präzisen und folgerichtig aneinandergereihten Sätze, die in sich einen grossen Reichtum an christlichem «Glaubenswissen» bergen und teilweise eine geradezu hymnische Kraft erreichen. Aufgrund dessen wurde sogar von einem zweiten «Hohelied der Liebe» im Neuen Testament gesprochen – nach dem ersten im 1. Korintherbrief mit dem berühmten Schlusssatz: «Nun aber bleiben Glaube, Hoffnung, Liebe, diese drei. Die grösste unter ihnen aber ist die Liebe» (1Kor 13). Die Worte «Liebe» und «lieben» erscheinen jedenfalls nirgendwo im gesamten Neuen Testament so gehäuft wie im 1. Johannesbrief und besonders in den folgenden Versen des 4. Kapitels. Diese zunächst nur statistische Feststellung deutet darauf hin, dass die Ausführungen über die Liebe im Gesamtzusammenhang des Briefs die zentralen, am stärksten zu gewichtenden Aussagen darstellen. Es erscheint deshalb sinnvoll, an dieser Stelle zunächst einmal auf das den Text bestimmende Wort «Liebe» einzugehen: Woher kommt das hier verwendete griechische Wort *agape*, welche Geschichte seiner Bedeutung und Verwendung kann man rekonstruieren? Das wird helfen zu verstehen, was mit dem konzentrierten Einsatz dieses Wortes hier gemeint ist.

Wir haben bereits anhand der griechischen Worte für «Leben» sehen können: Die griechische Sprache hält zuweilen für Phänomene, für die wir im Deutschen mit einem einzigen Wort auskommen müssen, mehrere Worte bereit und erlaubt damit bereits durch die Wortwahl eine klarere Benennung des jeweils gemeinten Aspekts. So verhält es sich auch wieder bei den griechischen Worten für «Liebe» in ihren verschiedenen Ausprägungen. Wir sind auch im Deutschen gewohnt, von erotischer Anziehungskraft und Ausstrahlung zu sprechen. Das geht auf das griechische Wort *eros* bzw. das Verb *erotan* zurück, womit die Liebe als sinnliche Anziehungskraft und Leidenschaft bezeichnet wird. Für die freundschaftliche Zuneigung, Verbundenheit und Fürsorge steht im Griechischen das Wort *philia*. Schliesslich kommt auch noch das Verb *agapan* vor (vom Substantiv *agape* weiss man noch nicht einmal zweifelsfrei, ob es im profanen Griechisch überhaupt verwendet wurde). «Lieben» im Sinne von *agapan* bedeutete wohl wertschätzen und freundlich sein in einem allgemeinen Sinn, ohne das Bestehen einer erotischen Bindung oder einer Freundschaftsbeziehung vorauszusetzen. Auch eine sich zum Geringeren gleichsam herabbeugende Liebesbewegung einer göttlichen Macht konnte mit *agapan* bezeichnet werden. Gerade dieses wenig profilierte Wort wurde nun aber gewählt, als das Alte Testament ab etwa 250 v. Chr. für die vielen griechisch sprechenden Menschen jüdischen Glaubens innerhalb und vor allem ausserhalb Palästinas ins Griechische übersetzt wurde. Die Autoren verwendeten bei der Übersetzung von «lieben» bzw. «Liebe» ziemlich regelmässig *agapan* für das hebräische *ahab*, *agape* für das entsprechende Substantiv *ahabah*. Gerade an den Stellen der

Hebräischen Bibel, die von Gottes Liebe zu seinem Volk Israel sprechen, sollte wohl jeder Anschein einer erotisch gefärbten Leidenschaft Gottes oder gar einer sexuellen Deutung des göttlichen Schöpfungshandelns vermieden werden. Die griechische Übersetzung der Hebräischen Bibel wurde natürlich auch in den neu entstehenden christlichen Gemeinden benutzt, und auf diese Weise gelangten *agapan* und *agape* als Bezeichnungen für die Liebe Gottes bzw. Christi sowie für die Nächstenliebe auch in die allmählich entstehenden urchristlichen Schriften. So wurde *agape* im Neuen Testament und besonders in den johanneischen Schriften zum Hauptwort für die Bezeichnung der Liebe Gottes, die in Jesus Christus erschienen ist, auf die Rettung der Welt zielt und die davon ergriffenen Menschen zur Liebe bewegt – einer Liebe zueinander, die nicht auf Attraktivität oder freundschaftlicher Zuneigung beruht, sondern erbarmende, hingebungsvolle Zuwendung zu den Nächsten, besonders auch zu den in Not geratenen, zu den gering geachteten Nächsten ist. Das Moment der *Hingabe* – Bestandteil natürlich auch jeder echten Liebesbeziehung wie jeder wahren Freundschaft – ist in der Liebe als *agape*, so wie das Wort im Urchristentum geformt wurde, ganz besonders betont. Diese Zusammenhänge werden im «Hohenlied der Liebe» des 1. Johannesbriefs in geradezu klassischer Weise entfaltet und durchdacht.

Auch *vor* dem nun zu durchdenkenden Textabschnitt ging es im Brief bereits um die Liebe im Sinne von *agape*: Im 2. Kapitel (1Joh 2,7–11) wurde erstmals auf das «alt-neue» Gebot der Geschwisterliebe hingewiesen, das aus der Finsternis des Hasses hinaus und zum wahren Licht hin führt, das in Christus bereits aufgegangen ist. Im 3. Kapitel ist die Gotteskindschaft als Erweis der Liebe des Vaters gefeiert worden (1Joh 3,1), und später

(1Joh 3,11–18) wurde die gegenseitige Liebe in Beziehung zum Lebenseinsatz Christi gesetzt. Dabei wurde eingeschärft, dass bei verweigerter Nothilfe für den «Bruder» auch keine Spur der Liebe Gottes in einem Menschen bleibt. Schliesslich wurde die gegenseitige Liebe als Bestandteil des göttlichen Doppelgebotes genannt (1Joh 3,23). Dies alles wird nun wieder aufgenommen und mit weiteren Gedankengängen verbunden, sodass es in anderer Gewichtung und erweiterter Bedeutung erscheint. Meditatives Kreisen um ein Thema, Wiederaufnahme, Vertiefung und Erweiterung, wie sie für den Brief typisch sind, zeichnen ganz besonders den auf die Gottes- und Geschwisterliebe konzentrierten Abschnitt im 4. Kapitel (1Joh 4,7–21) aus.

Es sind darin drei Unterabschnitte auszumachen. Die klare Gedankenfolge des ersten Unterabschnitts (1Joh 4,7–12) lässt sich besonders gut nachvollziehen. Als «Geliebte» werden die Adressaten zu Beginn (1Joh 4,7) angeredet, und der Verfasser schliesst sich mit ihnen in der Aufforderung zur gegenseitigen Liebe zusammen (wobei er an gleichlautende Formulierungen in 1Joh 3,11.23 anknüpft). Diese Aufforderung wird damit begründet, dass die Liebe «aus Gott» ist, also in Gottes Wesen ihren Ursprung hat. In einem Leben in gegenseitiger Liebe (im Sinne von *agape*) zeigt sich also die wesenhafte Verbundenheit mit Gott. Zur Beschreibung dieser Verbundenheit wird wieder die Metapher vom «Gezeugtsein aus Gott» gewählt (vgl. 1Joh 2,29 und 3,9). Von diesem «Gezeugtsein» ist in der Vergangenheitsform die Rede – damit wird festgehalten, dass die gegenseitige *agape* durch Gott erst ermöglicht worden ist. Dieses «Vorausgehen» Gottes in seiner Liebe zu den Menschen wird im Folgenden noch mehrmals betont, ist dem Verfasser also ein wichtiges Anliegen. Wer als von Gott solchermassen zur Liebe befähigt *agape* praktiziert, «erkennt Gott». Erkenntnis Gottes in diesem im 1. Johannesbrief vertretenen Sinn ist keine Erkenntnis aus der beobachtenden und wertenden Distanz, sondern der im Vollzug der *agape* erwiesene *Lebensbezug* zu Gott, wie er in seinem Wesen ist. Im Umkehrschluss heisst es, dass, wer nicht *agape* praktiziert, Gott eben nicht erkannt hat (1Joh 4,8). In einem begründenden Nebensatz erscheint dabei schon einmal die Aussage, die schliesslich den Gipfel des «Hohenliedes» bilden wird: «Gott ist Liebe.»

Wie im 1. Kapitel (1Joh 1,5: «Gott ist Licht») klingt der Satz wie eine Definition. Wie aber bereits zur Aussage «Gott ist Licht» festgestellt, entspricht dies nicht der Denk- und Darstellungsweise des 1. Johannesbriefs. Dies sieht man hier schon daran, dass es im Vers zuvor noch hiess, die Liebe sei «*aus* Gott». Im griechischen Original sind zudem Subjekt («Gott», mit Artikel) und Prädikat («ist Liebe») klar bestimmt, sodass es auch nicht möglich ist, den Satz umzukehren. Es geht dem Autor nicht darum, der *agape* eine gleichsam göttliche Wesenheit zuzusprechen. Er fasst vielmehr in vier (griechischen!) Worten zusammen, welche Erkenntnis von Gottes Wesensart denen aufgeht, die in Jesus den von Gott gesandten Retter (den Christus) wahrnehmen, der als «Sohn Gottes» in der Wesenseinheit mit dem «Vater» lebt.

Genau dies wird in den beiden folgenden Versen (1Joh 4,9f.) entfaltet. Die Erkenntnis «Gott ist Liebe» ergibt sich daraus, dass Gottes Liebe «unter uns erschienen» ist. Hier klingt der Grund-Satz des *Prologs* «Das Leben ist erschienen» an! Es war Gottes Wille, uns Leben – im Sinne von *zoe* – zu verschaffen. Dazu hat er seinen «einzigen Sohn» in die Welt gesandt. Das griechische Wort *monogenes* meint «allein», «einzig von Art» – mit seiner Verwendung wird die einzigartige Nähe Jesu zu Gott unterstrichen und zugleich die unvergleichliche Grösse der Liebe Gottes hervorgehoben, der diesen ihm in einzigartiger Weise Nahestehenden in die Welt *gesandt* hat. Der hier (sowie in 1Joh 4,10.14) begegnende Ausdruck, Jesus sei von Gott in die Welt *gesandt* worden, gehört zu den «Kurzformeln des Glaubens», wie sie sich im Urchristentum herausgebildet haben. Die Redeweise, Jesus sei von Gott *gesandt* worden, setzt voraus, dass er bereits *vor* seiner Geburt bei Gott gelebt hat. In der Tat gehen die johanneischen Schriften ausdrücklich von der Vorstellung aus, Jesus sei als der Gottessohn vor und jenseits aller Zeit in der ewigen Wirklichkeit Gottes beheimatet und verstehen seine Geburt, sein «Zur-Welt-Kommen» als den Eintritt des ewigen Gottessohnes in die Menschengeschichte, um in Gottes Auftrag das wahre, eigentliche, bleibende Leben zu vermitteln, das den Menschen nur durch sein erlösendes Handeln zugänglich ist.

Besonders eindrücklich ist diese Vorstellung der Präexistenz im Prolog des Johannesevangeliums entfaltet (Joh 1,1–18). Sie bildet den Hintergrund der formelhaften Aussagen von der Sendung Jesu durch Gott. Gott hat Jesus *gesandt*, «damit wir durch ihn leben» (1Joh 4,9). Im «wir» schliesst sich der Autor mit den Adressaten zusammen, mit denen gemeinsam er zur christlichen Gemeinde gehört. Hier, in der durch Gottes Sendung ermöglichten, durch Jesus gestifteten Gemeinschaft wird die Gabe des wahren, ewigen Lebens empfangen. Gottes Liebe, die das in Gang gesetzt hat, ist eine allem menschlichen Bemühen zuvorkommende Liebe – das stellt der folgende Vers (1Joh 4,10) klar. Es war Gottes ursprünglicher «Liebes-Gedanke», den Menschen zum wahren Leben zu verhelfen. Daraus entsprang die Sendung Jesu in die Welt, deren Ziel Vers 10 mit den Worten «als Sühne für unsere Sünden» beschreibt. Die Formulierung ist fast wortgleich mit der im 2. Kapitel (1Joh 2,2), was wiederum auf eine überlieferte Glaubensformel schliessen lässt. Dahinter steht die schon beschriebene Vorstellung von der Gefangenschaft unter der Zwangsherrschaft der Sünde, die nun durch die Sühneleistung Jesu Christi grundsätzlich für alle aufgehoben ist, die sich an Christus im Glauben anschliessen und sich von ihm Gottes Liebe erschliessen lassen. Der Tod Jesu am Kreuz, verstanden als Sühneleistung für die Sünden, wird hier also im Zusammenhang der Liebe Gottes gesehen: Die Liebe, die sein Wesen ausmacht, ist Gottes Antrieb zur Sendung Jesu gewesen, und in dieser Liebe hat Jesus sich für die Menschen eingesetzt bis zum Tod am Kreuz. Der Charakter der *agape* als hingebungsvolle Liebe wird dadurch noch einmal hervorgehoben.

Nachdem der Autor die Grösse und Bedeutsamkeit des göttlichen Liebes-Einsatzes so noch einmal geschildert hat, zieht er daraus die einzig mögliche Konsequenz für alle Glaubenden: Der Grösse und Intensität der Liebe Gottes kann nur in gegenseitiger Liebe entsprochen werden (1Joh 4,11). Gemeint ist also eine *Wesensgemeinschaft mit Gott in der Liebe*, die er in Christus mitgeteilt hat. Das zeigt der diesen Gedankengang abschliessende Vers (1Joh 4,12): «Niemand hat Gott je geschaut.» Das wird zunächst – in weitgehender Übereinstimmung mit dem zeitgenössischen griechischen Denken, aber auch mit alttestamentlicher Tradition – festgestellt. (Die in Teilen des Alten Testaments genannten Ausnahmen, Abraham und Mose, werden damit indirekt bestritten.) Aber in der hingabebereiten Liebe zueinander, wie sie in der Gemeinde praktiziert wird, «bleibt Gott in uns».

Gottes Nähe wird da erfahren, wo Menschen in wesenhafter Übereinstimmung mit ihm, also in der Liebe, leben. Gott ist folglich nicht im religiösen Hochgefühl des Einzelnen gegenwärtig, sondern im Vollzug der hingebenden Liebe zu den Mitmenschen (wobei hier, da es um die angeredete Gemeinde geht, die *Mitchristen* im Blick sind). Ja es kann und muss sogar gesagt werden, dass Gottes Liebe erst da zur Vollendung kommt, wo sie zwischen Menschen die ihr entsprechende *agape* bewirkt hat. Gottes Liebe hat so teil am Schicksal aller liebenden Bewegung hin zu anderen: Sie ist darauf angewiesen, dass sie erkannt und beantwortet wird, dass sie Menschen erreicht und dafür gewinnt, in die Bewegung der Liebe einzutreten. Gott geht mit seiner Liebe zu den Menschen das Risiko jedes Liebenden ein! Wo sich aber Menschen seiner (in Christus erfahrenen) Liebe öffnen, indem sie *agape* einander zukommen lassen, ist Gottes Liebe ans Ziel gekommen und ist die in dieser Welt mögliche Gemeinschaft mit Gott hergestellt.

Der erste Vers des zweiten Unterabschnitts (1Joh 4,13–16) schliesst sich an den Gedankengang der vorangehenden Verse (1Joh 4,7–12) an – dies allerdings in einer Weise, die nicht unmittelbar einleuchtet, sondern sich erst nach einigen Überlegungen erschliesst. Dieser Satz kommt fast wörtlich schon einmal im 3. Kapitel vor (1Joh 3,24). Auch dort ging es schon um das Bleiben «in Gott» bzw. das Bleiben Gottes «in uns». Ebenso war im letzten Vers des ersten Unterabschnitts (1Joh 4,12) gerade ausgeführt worden, dass, wenn wir einander lieben, Gott «in uns» bleibt. Das wird nun (1Joh 4,13) aufgenommen und ergänzt zum Ausdruck gegenseitigen «Ineinander-Seins» von Gott und glaubendem Menschen («wir in ihm und er in uns»). Die Vorstellung von der Gemeinschaft zwischen Gott und Mensch als Geborgenheit des Menschen in Gott und zugleich als Gottes-Innerlichkeit im Menschen ist für das johanneische Denken typisch. Dieses «Doppelbewusstsein» nun erkennt man daran, «dass er uns seinen Geist gegeben hat». Das ist die in diesem Vers bezweckte Aussage, und im johanneischen Sinne von «erkennen» ist es wohl so zu verstehen, dass der Geist Gottes uns die Erfahrung des «Gott in uns und wir in ihm» vermittelt.

In zwei Versen (1Joh 4,14 und 4,16) fällt beim Lesen gleich das doppelte «wir» auf: «Und wir haben geschaut und bezeugen» – «Und wir haben erkannt und haben geglaubt» Im griechischen Urtext erscheint hier jeweils vor den Verben das Personalpronomen der 1. Person Plural. Anders als im Deutschen genügt aber im Griechischen die konjugierte Verbform, um deutlich zu machen, von welcher Person Singular oder Plural etwas ausgesagt wird. Wenn – wie in diesen beiden Versen – vor dem Verb noch eigens das Personalpronomen erscheint, dann soll es hervorgehoben werden und wäre im Deutschen angemessen mit einem verdoppelten «wir» wiederzugeben. Wer aber ist mit dem jeweils hervorgehobenen «wir» gemeint? Der eine Vers (1Joh 4,14) erinnert sehr an den Prolog (1Joh 1,1–4), wo es ebenfalls in der 1. Person Plural hiess: «was wir geschaut haben» (das Wort des Lebens) «und wir bezeugen» (das ewige Leben). Meint das «wir» in diesem Vers also möglicherweise wieder die Gruppe der «Traditionsträger», die das Christusgeschehen «geschaut» haben und es nun «bezeugen»? Die Verbindung von «geschaut haben» (Vergangenheit) und «bezeugen» (Gegenwart) ist ein starkes Indiz dafür, denn es kann eben sachgemäss nur für diejenigen verwendet werden, die innerhalb der johanneischen Gemeinschaft die Jesusüberlieferung weitergeben. Ist dann das «wir» im andern Vers (1Joh 4,16) auf die Gemeindeangehörigen bezogen (mit denen sich der Autor ebenfalls zusammenschliesst), die das Bezeugte «erkannt und geglaubt haben»? Eindeutig abgegrenzt ist das eine gegen das andere «wir» freilich nicht, aber gerade diese Unschärfe ist ja typisch für den Brief. Was man als mangelnde Präzision empfinden kann, gehört wohl zu den bereits festgestellten Stileigentümlichkeiten des Autors. Die Briefempfänger werden damit gewiss vertraut gewesen sein und konnten die Zuordnungen vornehmen, die wir nur mit dem Blick auf den Kontext, die Wortbedeutungen usw. nachvollziehen können.

Was haben die Träger der Jesusüberlieferung geschaut, was bezeugen sie? Im Prolog war es das «Wort des Lebens» (1Joh 1,1), jetzt (1Joh 4,14) wird es inhaltlich entfaltet mit Hilfe des schon bekannten geprägten Ausdrucks von der Sendung des Sohnes durch den Vater. Dabei wird – erstmals und einmalig im 1. Johannesbrief – zur Beschreibung der Würde und Tätigkeit Jesu das Wort «Retter» (griechisch *soter*) verwendet. Jesus ist also von Gott in *rettender, heilbringender* Funktion in die Welt gesandt worden. Mit diesem Grundsatz ist auch klargestellt, dass die «Welt», so oft sie auch im Brief als Chiffre für die gottabgewandte, unter dem Einfluss «des Bösen» stehende Lebenswirklichkeit erscheint, dennoch keineswegs von Gott aufgegeben, sondern im Gegenteil von ihm geliebt ist, weswegen er in Jesus alles (nämlich im Grunde sich selbst) an ihre Rettung setzt. Der «Sohn», den der «Vater» gesandt hat, ist Jesus (1Joh 4,15) – betont wird in diesem Vers (der vielleicht ein Taufbekenntnis zitiert) die Identifikation der historischen Person Jesus mit dem Gottessohn vorgenommen. Wer diese von den Traditionsträgern geschaute und bezeugte Wahrheit für sich persönlich annimmt, lebt in der Gemeinschaft mit Gott, die hier und im folgenden Vers wieder in der charakteristischen Doppelung (Sein des Glaubenden in Gott und Gottes Sein im glaubenden Menschen) beschrieben wird. «Wer bekennt, dass Jesus der Sohn Gottes ist», gehört zum «wir» der Glaubenden, die von sich sagen können: «Wir haben erkannt und haben geglaubt» (1Joh 4,16).

Mit Vers 16 erreichen die Aussagen über Gottes Wesen und die Gemeinschaft mit ihm ihren Höhepunkt. Die tiefe Wirkung dieses Verses ergibt sich wohl aus der Verbindung von Einfachheit und Klarheit mit der geheimnisvollen Aura der metaphorischen Sprache, wie sie dem Reden über Gott und seine Gemeinschaft mit den Menschen angemessen ist. Im wiederum betont vorangesetzten «wir» schliesst sich der Autor mit allen Gemeindeangehörigen zusammen. Gemeinsam haben sie an Jesus den Willen Gottes zur Rettung der Welt gleichsam abgelesen und damit die Liebe Gottes «erkannt und ihr geglaubt». «Erkennen» und «glauben» sind die Ausdrücke für ein tieferes Verstehen der Jesus-Geschichte und die vertrauensvolle Antwort auf die darin erschienene Liebe Gottes. An hervorgehobener Stelle und deshalb betont feierlich wird nun der Satz «Gott ist Liebe» (aus 1 Joh 4,8) wiederholt. Im Grunde zieht dieser Satz – für den es weder in anderen biblischen noch ausserbiblischen Schriften eine Parallele gibt! – die Summe aus allem, was im Brief über Jesus Christus und die aus seinem Einsatz «für uns» sich ergebende Gotteserkenntnis gesagt ist. Ja sogar im Blick auf alle anderen Schriften des Neuen Testaments muss gesagt werden, dass es sich hier um *den* «Spitzensatz» insofern handelt, als über das hier Gesagte hinaus keine «höhere» Wahrheit über Gott erfahrbar und aussagbar ist. Von dieser fundamentalen, durch Jesus Christus erschlossenen, Gotteserkenntnis darf man nicht mehr in eine furchtbesetzte Vorstellung von einem letztlich doch in seinem Wesen oder Anteilen seines Wesens verborgenen, «unberechenbaren» Gott zurückfallen, wie der Briefautor gleich in den nächsten Versen deutlich machen wird.

Ist Gottes Wesen mit «Liebe» (im Sinne von *agape*) zutreffend erfasst, sind alle in die Gemeinschaft mit Gott einbezogen, die sich seiner Liebe öffnen. Als Liebender konnte Gott nicht «bei sich» bleiben, sondern «musste» sich den Menschen zuwenden. Durch Jesus Christus ist den Menschen eine Gottesgemeinschaft erschlossen, deren Intensität hier wiederum – den Hauptsatz «Gott ist Liebe» weiterführend – mit der Formel von Gottes «In-uns-Sein» und unserem «In-Gott-Sein» ausgedrückt wird.

Natürlich ist sowohl in der Hebräischen Bibel (dem Alten Testament, wie die christliche Bezeichnung lautet) als auch in den Schriften des Neuen Testaments oft und vielfältig von Gottes Nähe bei den Menschen und von seiner Gegenwart «in» den Glaubenden die Rede. Die Formel vom wechselseitigen Ineinander von Gott und glaubendem Menschen jedoch ist typisch johanneisch und sowohl im Johannesevangelium als auch im 1. Johannesbrief von zentraler Bedeutung. Auffällig ist, dass im 1. Johannesbrief nicht eigentlich vom *Sein*, sondern vom *Bleiben* Gottes im Menschen bzw. des Menschen in Gott die Rede ist. Darin zeigt sich wohl, dass der Verfasser in der Situation der Gemeindespaltung das *Bleiben* betonen will: das Bleiben in der Überlieferung, wovon aber eben auch die Gegenwart Gottes in den Glaubenden und das Leben der Glaubenden «in Gott» abhängt.

Im Hintergrund dieser Redeweise steht eine zur Entstehungszeit der johanneischen Schriften geläufige Anschauung: Der Mensch ist von heil- oder unheilvollen Sphären umgeben, und er kann in seinem Inneren von lebensfördernden oder destruktiven Kräften bestimmt sein. So haben wir im 1. Johannesbrief schon die Redeweise kennengelernt, dass der Mensch «im Licht» oder «in der Finsternis» sein, dass er aus dem Bereich des Todes in den des Lebens hinüberschreiten kann. Und andererseits bleiben die Gabe des *chrisma* und der «Same» Gottes «in» den Glaubenden.

Der Heilszustand wäre demnach das schützende Umgebensein von einer göttlichen Sphäre und zugleich die Wirksamkeit göttlicher Kraft im Inneren des Menschen. In diese Vorstellungsweise zeichnet der 1.Johannesbrief ein, was sich für alle ergibt, die im Glauben den Anschluss an Gott finden: Sie sind von Gottes Liebe wie von einer Sphäre des Heils umgeben, und gleichzeitig wirkt in ihrem Inneren Gottes Kraft der Liebe und bewegt sie zur Liebe zueinander in der Gemeinschaft der Glaubenden. Hier ist nicht an ein Aufgehen des Einzelnen in Gott im mystischen Sinne gedacht, sondern an ein *Umfangensein von und eine innere Stärkung durch Gott,* der sich in seinem Wesen als hingebende Liebe erwiesen hat und den Menschen eben dazu befähigt. Die Gemeinschaft von Gott und Mensch ist hier in eine bildlich-räumliche Vorstellungsweise gefasst, die gerade darin dem Geheimnis Gottes entspricht, dass sie nicht bis auf den Grund analysierbar ist. Sie drückt eine im Glaubensvollzug, beispielsweise im Gebet, unmittelbar erfasste Wahrheit aus in der ihr allein gemässen metaphorischen Redeweise. Von daher gewinnt sie ihre auch heute anrührende und bewegende Kraft.

Der dritte Unterabschnitt (1Joh 4,17–21) ist von seiner Thematik her im Grunde nochmals zu unterteilen: In den Versen 17 und 18 wendet sich der Blick des Briefschreibers von der gegenwärtigen Gemeinschaft mit Gott zur Zukunft, die von der Parusie Christi (so bereits in 1Joh 2,28) und dem damit anbrechenden «Tag des Gerichts» bestimmt sein wird. Aus dem Ineinander-Sein in der Liebe ergibt sich die freimütige Zuversicht für den Gerichtstag. In dieser Zuversicht ist die Liebe «unter uns» – also bei den Glaubenden – vollendet: Wer schon «in der Liebe» lebt, ist gewiss, dass er aus der Liebesgemeinschaft nicht mehr herausfallen kann und auch durch das Gericht am Ende der Zeiten nicht hinausgestossen werden wird. Das bekräftigt der allerdings nicht leicht zu verstehende Satz «denn wie er (im Original: jener), so sind auch wir in dieser Welt» (1Joh 4,17). «Jener» bezieht sich im 1. Johannesbrief immer auf Christus, und so findet sich hier ein Vergleich des «Seins» der Gemeinde mit dem «Sein» Christi. Im Verständnis des Briefautors lebt Christus als Auferstandener in der von Liebe durchdrungenen «Seinsgemeinschaft» mit Gott und bleibt zugleich in Liebe denen verbunden, die sich in seinem Namen als seine Gemeinde zusammengefunden haben. So wie er «sind» Christinnen und Christen (durch ihn) in der Gemeinschaft der *agape* mit Gott wie auch untereinander – dies allerdings «in dieser Welt», das heisst unter den Bedingungen und eben auch Gefährdungen, von denen das Leben in der Welt bis zur Parusie Christi geprägt ist.

In der echten, «vollkommenen» Liebe ist alle Furcht (vor dem künftigen Gericht, vor einem eventuell doch «unberechenbaren», unerwartet lieblosen Gott) ausgetrieben. So schliesst Vers 17 mit dem wiederum klassisch einfachen und dabei unüberbietbar klaren Satz «Furcht ist nicht in der Liebe». Was für die hingebungsvolle Liebe in allen ihren Spielarten gilt, kann erst recht für die von Gott ausgehende Liebe vorausgesetzt werden: dass sie die Furcht austreibt (1Joh 4,18). Die Furcht im hier gemeinten Horizont des endgültigen Gerichts über alle Menschen hat immer mit Strafe zu tun, ist Furcht vor dem strafenden Gott (bzw. vor Christus, dem Gott seine richtende Gewalt übertragen hat). In der vollkommenen Liebe ist diese Furcht ausgetrieben.

In den beiden Versen 17 und 18 wird etwas *Grundsätzliches* zur Einstellung des Verfassers in Bezug auf die auch im johanneischen Christentum verbreiteten Vorstellungen von den «Endereignissen» deutlich: Er hält daran fest, dass das Ende der Zeiten mit der Parusie Christi und dem Tag des Gerichts bevorsteht. Die «letzte Stunde» ist ja nach seiner Einschätzung mit der Spaltung der Gemeinde schon angebrochen. Aber diese bevorstehenden Endereignisse erwähnt er nicht, um seine Adressaten damit zu *ängstigen*. Denn alles in Zukunft Bevorstehende wird ja für diejenigen nicht zum Fürchten sein, die schon in der Liebe leben. Im Grunde haben alle, die sich im Glauben für Gottes Liebe geöffnet haben, die Schwelle vom Tod zum Leben bereits überschritten (1Joh 3,14). Die Hoffnung der Christinnen und Christen kann sich frei von Furcht darauf richten, dass ihre – unter den Bedingungen dieser Welt – bereits bestehende Liebesgemeinschaft mit Gott in das endgültige Schauen Gottes transformiert werden wird (wie es in 1Joh 3,2 verheissen wurde).

Die Bewegung der Liebe, in der alle Furcht bereits überwunden ist, ist eindeutig von *Gott* ausgegangen. Das hält der folgende Vers nochmals fest: «Wir aber lieben, weil er [Gott] uns zuerst geliebt hat» (1Joh 4,19). Wieder (wie in 1Joh 4,14 und 16) ist im griechischen Text das «wir» betont vorangestellt, wohl um die Aussage zu unterstreichen, dass *unsere* Liebe ihren Impuls von *Gottes* Liebe empfangen hat.

Die das johanneische «Hohelied der Liebe» abschliessenden Verse (1Joh 4,20f.) weisen mit ihrer Thematik auf ein Anliegen hin, das den ganzen Brief durchzieht: Eine von der geschwisterlichen Liebe absehende Gottesbeziehung kann es nicht geben. So wenig, wie jemand behaupten kann, im Licht Gottes zu leben, wenn er die Geschwisterliebe verweigert (1Joh 2,9–11), ist es auch unmöglich, eine gewissermassen private Beziehung zu Gott an den «Gemeindegeschwistern» vorbei zu pflegen. Die Beziehung zum unsichtbaren Gott ist nur bei gleichzeitiger von der *agape* geprägter Beziehung zu den sichtbaren Brüdern und

Schwestern möglich. Dass zu Beginn von Vers 20 wie schon im 1. und 2. Kapitel mit der einleitenden Wendung «wenn jemand sagt» eine Parole eingeführt wird («Ich liebe Gott»), könnte wieder eine Anspielung auf diejenigen sein, die sich von der johanneischen Gemeinschaft getrennt haben und deren falsches, von der Geschwisterliebe isoliertes Gottesbewusstsein kennzeichnen. Die Fortsetzung («Denn wer seinen Bruder nicht liebt») ist aber auf jeden Fall eine für *alle* Christen gültige, einleuchtend formulierte Regel: Die Liebe zu Gott wird erst glaubhaft, ja, sie wird überhaupt erst *wirklich* in der Geschwisterliebe. Denn Gott hat sich ja in Jesus Christus eben als der die Menschen liebende Gott erschlossen.

In diesem Sinne werden Gottes- und Geschwisterliebe in ihrer Zusammengehörigkeit noch einmal als Doppelgebot eingeprägt (1Joh 4,21). Dass es dieses Gebot «von ihm» gibt, bezieht sich eher auf Jesus als auf Gott, denn im Gebot selbst wird ja Gott genannt. Ausserdem klingt das Doppelgebot in Vers 21 an die beiden Hauptgebote der Gottes- und Nächstenliebe an, die wir von Jesus (als Zitat aus dem Alten Testament) aus dem Markusevangelium kennen (Mk 12,29–31, mit Parallelstellen bei Matthäus und Lukas). Dies ist im Übrigen ein Indiz dafür, dass die Jesus-Überlieferung, wie sie uns aus den genannten drei Evangelien vertraut ist, zumindest in Teilen auch in der johanneischen Tradition bekannt war. Freilich wurde sie entsprechend johanneischem Verständnis transformiert. So ist aus der Aneinanderreihung zweier Gebote durch Jesus in der Version des 1. Johannesbriefs ein Doppelgebot und aus der Liebe zum Nächsten die Bruderliebe geworden. In der johanneischen Gemeinschaft ist also Jesu Liebesbotschaft auf eine Weise interpretiert worden, die sich etwa so darstellen lässt: Gottes Liebe, durch Jesus vermittelt, stiftet eine Gemeinschaft von Menschen, die, von Gottes Liebe bewegt, einander in geschwisterlicher Liebe verbunden sind. Obwohl an dem Bekenntnis festgehalten wird, dass Jesus von Gott zur Rettung der Welt gesandt wurde, sind die konkreten Aussagen zur Liebe Gottes dann doch auf deren gemeinschaftsbildende und in der Glaubensgemeinschaft wirksame Kraft konzentriert, aber damit eben auch verengt worden.

Glaubens*kraft* – Glaubens*grund* – Glaubens*besitz* (1Joh 5,1–13)

Die Übergänge von einer thematischen Einheit zur nächsten sind im 1. Johannesbrief fliessend. Gewissermassen ist alles mit allem verbunden. So könnten die folgenden Sätze auch noch zum Vorhergehenden gerechnet werden, weil sie das Thema «Liebe zu Gott und geschwisterliche Liebe der Glaubenden» noch ein Stück weiterführen. Andererseits taucht bereits ganz am Anfang des 5. Kapitels das Stichwort «glauben» auf (1Joh 5,1), das dann im Schlussabschnitt des Briefs bestimmend wird. So sind diese Verse (1Joh 5,1–5) sowohl mit dem Vorhergehenden als auch mit dem Folgenden verbunden, aber auch als eigene kleine Texteinheit durch die fast gleichlautenden Wendungen «… der glaubt, dass Jesus der Christus / der Sohn Gottes ist» in den Versen 1 und 5 eingerahmt und hervorgehoben. Diese beiden Glaubenssätze in offensichtlich festgeprägter Form wiederholen, was dem Autor wichtig ist und was weiterhin zu bekennen er den Adressaten nahelegt: dass Jesus (also der Mensch Jesus aus Nazaret mit seinem Leben und Sterben) zugleich der Christus, also der von Gott gesandte Retter der Welt und Gottes ihm einzigartig wesensverbundener Sohn ist. Dieser Glaube führt in die Liebe zu den Gotteskindern. Unter gleichnishafter Übertragung familiärer Beziehungen (wie schon 1Joh 2,29 und 3,1) wird in Vers 1 ausgeführt, dass es so etwas wie eine «natürliche» Angelegenheit ist – nämlich mit der «Erzeugung» durch Gott gegeben –, dass die Gotteskinder einander lieben und in dieser Liebe zueinander Gott, ihren gemeinsamen «Erzeuger», lieben.

Dieses Ineinander der Liebe zu Gott und der Liebe unter den Kindern Gottes wird darauf (1Joh 5,2f.) noch einmal anders geschildert, indem auf die sichtbare Seite der Liebe zu Gott hingewiesen wird: die Erfüllung der Gebote, die wiederum auf den Glauben an Gottes Sohn und die geschwisterliche Liebe abzielen. Die Argumentation bewegt sich hier bewusst im Kreis, denn es soll das unauflösliche Ineinander von Liebe zu Gott und Liebe zu den anderen «Gotteskindern» aufgezeigt werden. Die Gebote zu halten ist «nicht schwer» (1Joh 5,3) für diejenigen, die glaubend in den Zusammenhang von Gottes- und Geschwisterliebe hineingefunden haben. Denn damit haben sie die in der «Welt» geltenden Zwänge hinter sich gelassen, haben die «Welt» des Beherrschtseins von Begierden, des lieblosen Bezogenseins auf sich selbst besiegt. Von dieser weltüberwindenden Kraft des Glaubens handeln die nächsten Verse (1Joh 5,4f.): Vers 4 in Form einer Feststellung, Vers 5 als rhetorische Frage. Sie zielt darauf ab, die Siegesgewissheit derer zu stärken, die sich an den wahren Glauben an Jesus, den Gottessohn, halten.

Wenn hier vom «Sieg» und vom «Besiegen» die Rede ist, muss unterstrichen werden, dass dabei kein Wort über eine etwa auch *physische* Unterwerfung oder sogar Vernichtung der Gegner fällt. Es ist der *Glaube*, der die «Welt» besiegt hat! Damit ist auch nicht infrage gestellt, dass es die Welt ist, in die hinein Jesus gesandt worden ist, um sie zu *retten*. Ja, gerade die Kinder Gottes, die im Glauben die lieblose und Menschenleben zerstörende, vom Bösen dominierte Welt «besiegt» haben, bezeugen mit ihrer Existenz und in ihrer Gemeinschaft, dass die Rettung der Welt durch die Liebe Gottes in Gang gekommen ist!

Anknüpfend an den vorangehenden Vers wird nun (1Joh 5,6) vom Gekommensein Jesu «durch Wasser und Blut» gesprochen. In der Sprache des 1. Johannesbriefs, die von «Kürzeln» für Glaubensaussagen geprägt ist, weisen «Wasser» und «Blut» auf Ereignisse im Leben Jesu hin: auf seine Taufe und seinen blutigen Tod am Kreuz (vgl. 1Joh 1,7). Mit der für uns zunächst befremdlich klingenden Aussage, dass Jesus «durch Wasser und Blut» gekommen ist, wird im Grunde wiederholt, aber auch polemisch zugespitzt, dass Jesus Christus «im Fleisch gekommen ist» (1Joh 4,2). Polemisch daran ist, dass Jesus Christus «nicht im Wasser allein, sondern im Wasser und im Blut» gekommen ist. Das muss sich gegen eine falsche Vorstellung von Jesus richten, die seinen Tod am Kreuz «ausklammert».

Das war tatsächlich bei den schon – im Zusammenhang mit der Polemik gegen die «Antichristen» – besprochenen doketischen Anschauungen der Fall. Dass die aus der johanneischen Gemeinschaft Ausgeschiedenen eine solche Anschauung vertreten haben (und ihr eigenes Christsein von daher verstanden haben), wird damit wahrscheinlicher. Vermutlich haben sie die Geistverleihung bei der Taufe Jesu so verstanden, dass damit der göttliche Christus im Menschen Jesus Wohnung nahm, ihn aber vor dessen Leiden und Sterben wieder verlassen hat. Im Empfang des Gottesgeistes bei ihrer eigenen Taufe sahen sie – ihrem «Christus-Modell» entsprechend – den Anschluss an den himmlischen Christus, womit sie sich bereits unwiderruflich in die

Sphäre der Erleuchtung und Sündlosigkeit aufgerückt glaubten. Damit entfiel für sie das Angewiesensein auf die sühnende Kraft des für alle am Kreuz vergossenen Blutes. Als Sühnopfer konnten sie sich das göttliche, also leidensunfähige «Geist-Wesen» Christus ohnehin nicht vorstellen.

In der Tat weiss man aus der Zeit nach der Entstehung des 1. Johannesbriefs von Gemeinschaften, die von solchen doketischen Vorstellungen geprägt waren. Dagegen wird hier polemisiert. Konsequenterweise feierte man in diesen Gemeinden dann auch das Abendmahl nur mit Brot oder mit Brot und Wasser, womit jeder Bezug auf das zur Sühne der Sünden vergossene Blut getilgt war.

Das Gekommensein Jesu in Wasser und Blut bezeugt der Geist (1Joh 5,6), und der in den folgenden Versen (1Joh 5,7f.) fortgesetzte Gedankengang ist wohl so zu verstehen: Wer sich vom Geist in die Wahrheit leiten lässt, wird dessen innewerden, dass Jesu Taufe wie auch besonders sein Tod am Kreuz entscheidende Stationen seines Kommens zum Heil der Menschen waren. Vom Geist geleitet werden ihm «Wasser» und «Blut» zu Zeugen für den Weg werden, den Gott in Jesus zu den Menschen gegangen ist. Was hier die Bezeugung durch den Geist genannt wird, kann man als Kurzformel für Glaubensunterweisung und Verkündigung verstehen. Denn der Geist, mit dem Christinnen und Christen «gesalbt» sind, hat ja auch eine belehrende, in die Wahrheit des Glaubens einführende Funktion, wie aus den *chrisma*-Sätzen im 2. Kapitel deutlich hervorgeht. Im Taufunterricht, in den gottesdienstlichen Wortbeiträgen, in der Weitergabe der Glaubensüberlieferung erschliesst Gottes Geist den Lebensweg des Jesus aus Nazaret als den Weg Gottes zu den Menschen, erschliesst darin auch die heilsame Wirkung seines Todes am

Kreuz. Es ist also das Zeugnis des Geistes, das zur richtigen Einordnung und Wertung von «Wasser» und «Blut» verhilft und diese damit überhaupt erst zu Zeugen werden lässt.

Der Autor verweilt nun aber nicht bei den drei Zeugen, sondern führt den Gedankengang weiter, indem er betont: Die drei Zeugen Geist, Wasser und Blut sind mit ihrem Zeugnis «auf das eine hin» orientiert (so die wörtliche Übersetzung, die für das Verständnis zielführender ist als die Übersetzung der Zürcher Bibel «auf das Gleiche ausgerichtet»). Worauf er damit abzielt, wird im Verlauf der folgenden Verse klar, mit denen man sich dem (ursprünglichen) Schluss des 1. Johannesbriefs nähert. Zunächst wird beim Thema des Zeugnisgebens noch einmal anders angesetzt (1Joh 5,9): Der Briefschreiber verweist auf den alltäglichen Vorgang, dass man sich auf das Zeugnis von Menschen gewöhnlich verlässt und verlassen muss. Wenn man nun das Zeugnis von Menschen annimmt – so der Schluss vom Geringeren auf das Grössere –, dann doch erst recht das ungleich bedeutendere Zeugnis Gottes. Denn Gott selbst hat Zeugnis abgelegt – das ist das «eine» (1Joh 5,8), worauf das geistgeleitete Zeugnis von «Wasser» und «Blut» hinausläuft: Was durch den Geist anhand der Betrachtung der Lebensstationen Jesu erschlossen wird, ist eben dies, dass Gott selbst über den Menschen Jesus Zeugnis abgelegt, ihn als seinen Sohn bezeugt hat.

Das im Deutschen mit «Zeugnis ablegen» wiedergegebene Wort steht im Griechischen im Perfekt. Das griechische Perfekt bezeichnet einen abgeschlossenen Vorgang, dessen Wirkung jedoch in der Gegenwart andauert. Gott hat also seinen Sohn in *dem* Sinne bezeugt, dass dieses Zeugnis auch in der Gegenwart gültig und bedeutsam bleibt, zu verstehen ist und angenommen werden soll.

Darauf (1Joh 5,10) wird deutlich gemacht: Die *Annahme*, die *Verinnerlichung* des Zeugnisses ist der *Glaube.* Wer das Leben Jesu bis hin zu seinem Tod am Kreuz vom Geist geleitet nachvollzieht, erkennt: In diesem Menschenleben bezeugt sich Gott. Wer durch die «Fakten» des Lebens Jesus hindurchdringt zum tiefen Sinn seines «Gekommenseins» und daraufhin an Jesus als den Sohn Gottes glaubt, hat das Zeugnis Gottes verinnerlicht, hat es «in sich». Im Gegensatz dazu wird derjenige, der Gott nicht glaubt, als einer bezeichnet, der damit Gott als Zeugen missachtet und ihn zum Lügner gemacht hat. Das Gegeneinander von These und Antithese in Vers 10 und dann noch schärfer und prägnanter in Vers 12 lässt vermuten, dass hier noch einmal die Scheidelinie zwischen der Gemeinde und denen aufgezeigt werden soll, die aus der Gemeinde «ausgezogen» sind. Der Briefautor befindet sich also bis zum Schluss in gedanklicher Auseinandersetzung mit ihnen.

Als Höhepunkt der vorangegangenen Ausführungen und zugleich als Schluss des gesamten Schreibens kommt nun (1Joh 5,11f.) zur Sprache, was denn Gottes Zeugnis über seinen Sohn für diejenigen «austrägt», die es glaubend angenommen haben: Gott hat den Menschen ewiges Leben gegeben, «und dieses Leben ist in seinem Sohn» (1Joh 5,11). Hiermit kehrt das Schreiben zu seinem Anfang zurück: «Das Leben ist erschienen» war der Grundsatz des Prologs. Und auch dort hiess es schon, dass das Leben beim Vater war und – in Jesus Christus – erschienen ist. Dies zu entfalten und die Adressaten in einer schwierigen Entscheidungssituation ihrer Glaubens- und Gemeindegeschichte darin zu bewahren, war Anliegen des Schreibens. Eindringlich ist in den vorausgegangenen Versen betont worden, dass es Gott selbst mit seinem Zeugnis ist, der hinter dem geistgeleiteten Zeugnis von «Wasser» und «Blut» steht, und erst nach einigen das Gemeinte umkreisenden Wendungen wird nun, auf den Prolog zurückgreifend, Gottes Zeugnis als die Bezeugung des ewigen Lebens beschrieben, das «uns» durch den «Sohn» zugutekommt. Genau dies bringt der folgende Vers (1Joh 5,12) auf den Punkt: «Wer den Sohn hat, hat das Leben» – wobei «haben» hier natürlich den inneren Besitz meint. Wer sich Jesus als den Sohn Gottes glaubend hat erschliessen lassen und sich ihn solchermassen «angeeignet» hat, «hat» damit auch das Leben, ist bereits, wie es schon im 3. Kapitel (1Joh 3,14) hiess, vom Tod ins Leben hinübergeschritten. Antithetisch wird dann ebenso prägnant formuliert, dass die *zoe* eben *nicht* hat, wer den Sohn nicht hat.

Damit schliesst sich der Kreis, und es bleibt dem Verfasser nur noch übrig, sich resümierend letztmalig denen zuzuwenden, an die er geschrieben hat: «Das habe ich euch geschrieben, damit ihr wisst, dass ihr, die ihr an den Namen des Sohnes Gottes glaubt, ewiges Leben habt» (1Joh 5,13). Nach dem bis hierher zurückgelegten «Leseweg» und auch im Blick auf die zum Prolog zurücklenkende Gedankenführung der letzten Verse ist dem Urteil zahlreicher Fachpersonen zuzustimmen, hier sei der ursprüngliche Briefschluss erreicht. Was nun noch folgt, hat den Charakter eines Nachtrags.

Von der Fürbitte für die Sünder, der «Sünde zum Tod» und den lebensgefährdenden Götzen (1Joh 5,14–21)

Unvermittelt schliessen sich an den ursprünglichen Briefschluss nochmals Ausführungen über die Bitten zu Gott an, wobei zunächst (1Joh 5,14f.) die Betonung darauf liegt, dass alle Bitten «nach seinem Willen» (1Joh 5,14) von Gott erhört werden. Erst in den folgenden Versen (1Joh 5,16f.) wird dann deutlich, worauf die vorhergehenden Sätze abzielen: auf die Empfehlung der Fürbitte für sündig gewordene «Glaubensgeschwister», sofern sie sich nicht der «Sünde zum Tod» schuldig gemacht haben, von der hier erstmals die Rede ist. Die Gedanken des Verfassers kreisen also (bis hin zu 1Joh 5,18) um das Problem der Sünde bzw. Sündlosigkeit, zu dem im Brief unterschiedliche Aussagen stehengeblieben waren (vgl. 1Joh 1,7–2,2 mit 3,4–10 und 3,19–22).

Da es aber im 1. Johannesbrief so zentral um das wahre, bleibende Leben geht, ist der drohende Lebensverlust durch die Sünde auch stets präsent. Darum liegt dem Verfasser des Nachtrags daran, zu klären, wie es denn nun mit der Sünde von Christinnen und Christen beschaffen sei. Zunächst einmal wird mit der Aufforderung zur Fürbitte für sündige Gemeindeangehörige indirekt eingeräumt: Auch *nach* der Taufe besteht die Bedrohung durch die Macht der Sünde fort und damit die Gefahr, die Gottesgabe des wahren und bleibenden Lebens wieder zu verlieren. Dazu wird festgestellt (1Joh 5,17), dass alle Ungerechtigkeit (wie sie eben auch unter Christinnen und Christen vorkommt – und auch schon in 1Joh 1,9 erwähnt wurde) Sünde ist. Wenn aber gesündigt wurde, können andere Christinnen und Christen mit ihrer Fürbitte zu Hilfe kommen und so für ihre Mitchristen «lebenserhaltend» wirken. Davon wird nun *eine* Sünde ausgenommen: die «Sünde zum Tod». Der Ausdruck fiel bisher noch nicht (und kommt im gesamten Neuen Testament nur an dieser Stelle vor).

Offenkundig soll mit der Einführung einer «Sünde zum Tod» zwischen der behaupteten Sündlosigkeit der «Gotteskinder» und der Erfahrung, dass auch Christinnen und Christen sündigen, ein

Ausgleich geschaffen werden. Die «Sünde zum Tod» wäre dann diejenige Sünde, die bei den echten «Kindern Gottes» nicht vorkommt bzw. an deren Vorliegen erkennbar wird, dass gar keine wirkliche Zugehörigkeit zur Gemeinde besteht. Allein schon dieser späte «Vermittlungsversuch» macht es höchst wahrscheinlich, dass die Verse 14–21 dem Brief nachträglich hinzugefügt worden sind.

Von der Sünde zum Tod wird hier nur gesagt, dass es sie gibt und dass in diesem Falle das Gebot der Fürbitte für sündigende Gemeindemitglieder nicht gilt. Wie aber ist diese Sünde in den johanneischen Gemeinden *inhaltlich* gefasst worden? Hier kann man sich nur auf Beobachtungen am Text und Vermutungen zur damaligen Gemeindesituation stützen. Die Christen in den johanneischen Gemeinden hatten die Erfahrung der Spaltung hinter sich. Die abtrünnig Gewordenen mit ihren abweichenden Anschauungen und ihrer Verweigerung der geschwisterlichen Liebe wurden im Brief bereits als nie wirklich zur Gemeinde Gehörende bezeichnet (1Joh 2,19). Die Kennzeichnung der Christen als «sündlos» ergab sich aus ihrem «Gezeugtsein aus Gott» (1Joh 3,9). Wenn man bedenkt, dass diese Verbindung von Gezeugtsein aus Gott mit der Sündlosigkeit und dem Bewahrtbleiben vor dem Bösen wiederkehrt (1Joh 5,18) und ausdrücklich als sicheres «Glaubenswissen» bezeichnet wird, können wir vermuten: Die «Sünde zum Tod» ist wahrscheinlich eben jener Abfall vom Glauben bzw. die Trennung von der Gemeinde der Glaubenden aufgrund von Anschauungen, die dem überlieferten «Wort vom Leben» widersprechen und die Praxis der Geschwisterliebe beschädigen. Dies würde auch den Verzicht auf die Fürbitte für diejenigen erklären, die «zum Tod» gesündigt haben. Denn eine Fürbitte für die abtrünnig Gewordenen wäre nach der Überzeugung des Verfassers keine Bitte nach dem Willen Gottes. Im Vorgang der Abwendung von der Gemeinde war ja der Wille «des Bösen» im Spiel, der gegengöttlichen Macht, der sich die «Spalter» ausgeliefert haben. Sie haben sich damit nach den Massstäben des Autors in der Finsternis verloren, aus der sie durch keine Fürbitte mehr herausgeholt werden können. Jedenfalls ist festzuhalten: Die Sündlosigkeit der «aus Gott Gezeugten», wie sie in Vers 18 nochmals als Glaubenswissen hervorgehoben wird, bezieht sich auf das Freisein von der «Sünde zum Tod». In diese Richtung zielt der Versuch, die offensichtlich zum Bestand der johanneischen Glaubensüberlieferungen zählende «Sündlosigkeit» der getauften Christinnen und Christen und die gegenteilige Erfahrung ihres faktischen Sündigens zusammen zu denken.

Der Satz «Wer aus Gott gezeugt ist, wird bewahrt» kann auch anders übersetzt werden: «Der aus Gott gezeugt wurde» (nämlich Christus), «bewahrt ihn» (den Sündlosen). Eine Entscheidung zwischen den Übersetzungen ist schwer möglich. «Der aus Gott gezeugt wurde» wäre aber eine Bezeichnung für Christus, die ansonsten im Brief nicht vorkommt. Eher hat man den Eindruck, solch eine Umschreibung wäre bewusst vermieden worden, um den Unterschied zwischen dem Gottessohn mit seiner einzigartigen Beziehung zum «Vater» und den Glaubenden als den «Kindern Gottes» zu betonen. Sollte diese Übersetzung wirklich das ursprünglich Gemeinte treffen, wäre dies ein weiteres Indiz dafür, dass wir es hier mit einem späteren Zusatz zum Brief zu tun haben.

Die «Sündlosen» werden (durch ihre Bindung an Christus) vor dem Zugriff «des Bösen», also des Teufels, bewahrt, während diejenigen, die sich der «Sünde zum Tod» schuldig gemacht haben, vom Bösen beherrscht werden und das wahre Leben verfehlen.

So gehören sie nunmehr unentrinnbar der im Griff des «Bösen» befindlichen Welt an. Dass da nichts mehr zu hoffen ist, unterstreicht auf seine Weise der nächste Vers (1Joh 5,19): Das Wissen um das «Sein aus Gott» wird abgehoben vom Urteil über die «Welt», die «in dem Bösen liegt» (so die wörtliche Übersetzung, die deutlich macht, dass hier wirklich die Verkörperung des Bösen, der *diabolos*, gemeint ist, der die Welt «im Griff» hat). Hier ist die «Welt» ausserhalb der Gemeinde der Glaubenden eindeutig negativ qualifiziert. Blickt man im Sinne von Vers 19 auf die «Welt», wird deutlich: Mit ihr kann und soll man sich nicht mehr abgeben, nicht mehr verändernd auf sie einwirken. Die Gemeindeangehörigen werden hier in der Gewissheit bestärkt, «aus Gott» zu sein und mit der im Griff «des Bösen» befindlichen Welt nichts mehr zu tun zu haben. So einseitig wurde die «Welt» bisher noch nicht geschildert.

Mit «wir wissen aber» wird zu Beginn des folgenden Verses (1Joh 5,20) nochmals die Distanz der Glaubenden zur «bösen Welt» betont. Sie «wissen» um das rettende Gekommensein des Gottessohnes. Als dessen Ziel wird hier nun nicht wie sonst im Brief die Rettung der Welt, die Hingabe als Sühnopfer und die Beschaffung des wahren und ewigen Lebens genannt. Vielmehr ist hier die vom Gottessohn vermittelte Einsicht genannt, die zur Erkenntnis des «Wahrhaftigen» führt. Damit ist, wie der darauf folgende Satz klar macht, Gott gemeint. «In ihm» zu sein, im wahrhaftigen Gott durch seinen Sohn Jesus Christus (so ist wohl das Nebeneinander von Gott und Gottessohn im Satzgefüge zu interpretieren), – das ist es, was Christinnen und Christen, die doch mitten in der Welt leben, von der «Welt» als Inbegriff des verfehlten Lebens scheidet. Denn bei Gott ist das Leben – er *ist* es geradezu. Im abschliessenden Satz von Vers 20 (wörtlich: «Dieser ist der wahrhaftige Gott und ewiges Leben») ist nicht eindeutig zu bestimmen, wer mit «dieser» gemeint ist. Von der Grammatik und den Satzstrukturen her gesehen, kann sich «dieser» auf den «Wahrhaftigen», also auf Gott, aber auch auf Jesus Christus beziehen. Mit der letzteren Deutung wäre Jesus Christus das «Gott-Sein» zugesprochen, also eine Gleichstellung Jesu Christi mit Gott dem Vater ausgesagt. Im gesamten Neuen Testament findet sich dazu nur *eine* Parallele, bezeichnenderweise im Johannesevangelium: Der zweifelnde Jünger Thomas spricht den auferstandenen Christus mit «mein Herr und mein Gott» an, nachdem dieser ihm seine Wundmale an den Händen und die Seitenwunde gezeigt hat (Joh 20,28).

Mit dieser Aussage wird nun gleichsam in einem zweiten Schlusssatz – vorbereitet durch die drei sich steigernden, mit «wir wissen» eingeleiteten Sätze und wiederum zum Prolog zurücklenkend – der Brief mit dem Anhang (vermeintlich) endgültig abgeschlossen. Überraschenderweise folgt aber nun noch ein mahnender Satz, der ein Thema anspricht, das bisher überhaupt noch nicht im Blick war: «Kinder, hütet euch vor den Götzen!» (1Joh 5,21). Die Anrede «Kinder» ist im Brief bereits mehrfach aufgetaucht – was die Warnung vor den «Götzen» dagegen bedeuten soll, erschliesst sich aus den bisherigen Ausführungen nicht sofort. Allerdings war in Vers 20 mehrfach vom «wahrhaftigen» Gott die Rede. Damit ist eine Bezeichnung für Gott (und indirekt auch für Christus) eingeführt worden, die abgrenzend wirkt: Als der «Wahrhaftige» wird der *lebendige, wirksame, das ewige Leben vermittelnde* Gott gegenüber den «toten Götzen», den nicht wirkmächtigen Göttern «heidnischer» Religionen, gekennzeichnet. Das nun hier in Vers 21 verwendete griechische Wort *eidolon* meint ursprünglich das Abbild (schon mit der «Einfärbung» eines blossen Scheins) und wurde deshalb in der griechischen Übersetzung des Alten Testaments an manchen Stellen verwendet, in denen gegen die heidnischen Götzen polemisiert wird, die doch in Wahrheit nichtig sind und ihre Verkörperung in leblosen Bildern haben.

Christen, die aus dem heidnischen Milieu stammten, hatten sich ihrem eigenen Verständnis nach von den leblosen Götzen weg und dem wahren Gott zugewandt. Sozialer Druck der heidnischen Umwelt oder auch der Zwang zur Teilnahme an der göttlichen Verehrung römischer Kaiser konnten aber auch sehr schnell zu einer Situation führen, in der das Bleiben in der Lebensgemeinschaft mit dem wahren Gott infrage gestellt wurde. Auf eine solche spezielle Situation deutet aber im ursprünglich wohl mit 1. Johannes 5,13 abgeschlossenen Brief nichts hin. Wenn vom «Hass der Welt» die Rede war (so 1Joh 3,13), dann wurde ein konkreter Anlass solch ernster Aussagen nicht erkennbar. Der Anhang könnte jedoch in einer (bald nach Abfassung des eigentlichen Briefs denkbaren) veränderten Lage verfasst worden sein.

In einer Zeit zunehmender Bedrückung der christlichen Minderheit wären sowohl die Betonung der eigenen Zugehörigkeit zum wahrhaftigen Gott, verbunden mit der Warnung vor den Götzen, als auch die nur noch negative Sicht der «Welt» gut denkbar. Auch die Einführung der «Sünde zum Tod» könnte nicht nur die oben beschriebenen Funktionen haben, die gegensätzlichen Aussagen zur Sünde im Brief auszugleichen und noch einmal die Grenze zu den «Spaltern» der Gemeinde zu ziehen. Sie könnte auch im Zusammenhang mit einer solchen neuen Situation stehen und eine indirekte Warnung sein, nicht mit der Abwendung vom wahrhaftigen Gott das ewige Leben unwiderruflich zu verlieren.

Auch wenn diese Vermutungen hypothetisch bleiben müssen, ergibt sich doch gerade aus dem überraschenden letzten Satz ein in sich stimmiges Verständnis der Verse 14–21 als eines Anhangs in veränderter Situation. In einer neuen Lage für die johanneischen Christen hat der 1. Johannesbrief also vermutlich noch einmal einen Textzuwachs erhalten, und in dieser Gestalt ist er dann zum Gebrauch in den Gemeinden durch Abschriften vervielfältigt und weiter überliefert worden bis hin zu uns heutigen Leserinnen und Lesern.

nitatis. Amen. Explicit epla pet. II. Incipit ep
prima iohannis apostoli.

Quod fuit ab initio quod audiuimus quod
dimus oculis nostris qd perspeximus. et manus n
tractauerunt de uerbo uite. et uita manifesta
est. Et uidimus et testamur. et annuntiam
nobis uitam eternam. que erat apud patre
et apparuit nobis. Quod uidimus et audiui
annuntiamus uobis. ut et uos societatem ha

Zusammenfassung und historische Einordnung

Nach diesem Gang durch den 1. Johannesbrief ist es sinnvoll, noch einmal die Hauptmotive und Grundgedanken des Schreibens festzuhalten. Daraufhin wird in einem nächsten Schritt auf die Forschungsergebnisse zur johanneischen Überlieferung im Neuen Testament eingegangen.

Hauptmotive und Grundgedanken

Der (jedenfalls für die heutige Leserschaft) anonyme Autor schreibt offenbar im Namen einer Gruppe, deren «wir» die einleitenden Verse prägt. Das Schreiben richtet sich an die johanneische Gemeinschaft im Ganzen, die gerade durch den Weggang einer offenbar grösseren Anzahl wichtiger Mitglieder eine schwere Erschütterung erfahren hat. Der Verfasser will den in der Gemeinschaft Gebliebenen helfen, das Geschehene einzuordnen. Vor allem aber will er ihnen verdeutlichen, was ihnen mit dem überlieferten Glauben gegeben ist und sie damit in ihrem Bleiben bestätigen. Er bringt deshalb zur Sprache, was die Glaubensüberzeugung und Lebenspraxis der Gemeinschaft ausmacht.

Es geht bei dem, was als Glaubensbotschaft überliefert ist und den Adressaten als Erinnerung und Bestätigung vor Augen gestellt wird, um das *Leben*. Im Prolog wird programmatisch angesagt, dass das Leben erschienen sei (1Joh 1,2), und der Brief insgesamt ist geschrieben, damit die Gemeindeangehörigen wissen, dass sie ewiges Leben haben (1Joh 5,13). Durch den Zusatz «ewig», aber auch allein schon durch das für «Leben» gewählte griechische Wort ist deutlich: Es geht um das wahre, sinnerfüllte, durch den Tod nicht zerstörbare Leben (*zoe*), das sich aber nicht erst in der himmlischen, göttlichen Wirklichkeit an das biologische Ableben anschliesst, sondern schon jetzt das Leben prägen kann. Autor und angeredete Gemeinde eint das Bewusstsein, bereits vom Tod zum Leben hinübergeschritten zu sein (1Joh 3,14).

Dieser «Überschritt ins Leben» ist nicht selbstverständlich, denn das Leben im Sinne der *zoe* steht nicht in menschlicher Verfügungsgewalt. Menschliches Dasein ist vielmehr gekennzeichnet durch die *Sünde*. Sie wird als eine alles durchdringende, Verderben bringende Macht aufgefasst und inhaltlich als Begierde (1Joh 2,16f.), Ungerechtigkeit (1Joh 1,9 – im Anhang: 1Joh 5,17), Gesetzlosigkeit (1Joh 3,4) und Bruderhass (1Joh 2,11) beschrieben. Die Sünde stammt letztursprünglich aus «dem Bösen» (1Joh 2,16f.), der gegengöttlichen Macht, die «von Anfang an» sündigt (1Joh 3,8). Die Sünde prägt das Leben in der «Welt», die für den Briefautor der Inbegriff der von Gott abgewandten Wirklichkeit ist. Sie darf freilich nicht pauschal verloren gegeben werden, ist doch Jesus Christus in seiner Person die Sühne für die Sünden der ganzen Welt (1Joh 2,2). Aber für sich betrachtet ist die Welt ohne Heil – das wahre Leben ist in ihr nicht zu finden, und wer sich (durch Begierden, Streben nach Reichtum usw.) in ihr verliert, ist der Macht der Sünde schutzlos ausgeliefert. Das wahre und bleibende Leben hat seinen Ursprung bei *Gott*, dem *Vater* (1Joh 1,2), in dem keine Finsternis ist, der vielmehr als «Licht» (des Lebens) beschrieben wird (1Joh 1,5). Das Leben ist in der Welt, ist für die Menschen erschienen, weil Gott es so wollte und durch *Jesus Christus*, den *Sohn Gottes*, realisiert hat. Jesus ist der «Sohn», der als solcher schon immer in Gottes Nähe lebt und an seiner Lebensfülle teilhat. Er ist der von Gott in die Welt gesandte Retter (1Joh 4,14). Er ist gekommen «in Wasser und Blut» (1Joh 5,6), hat also das menschliche Dasein angenommen, ist getauft worden und schliesslich blutig ums Leben gekommen. Sein Tod wird als Hingabe seines Lebens verstanden (1Joh 3,16), womit er durch sein Blut (1Joh 1,7) zur Sühne (1Joh 2,2 und 4,10) für die Sünden geworden ist. Damit hat er die Macht der Sünde über die Menschen (der er selbst nicht untertan war: 1Joh 3,3.5) gebrochen und so die Werke des Teufels zerstört (1Joh 3,8). Auf diesen sühnenden Lebenseinsatz ist die Wirksamkeit Jesu im 1. Johannesbrief konzentriert, weil darin Gottes Wille ans Ziel kommt: Die Macht der Sünde ist gebrochen, der Zugang zum wahren Leben für alle Menschen, die an Jesus als den Christus, den Retter, den Sohn Gottes glauben, ist eröffnet.

Im Wirken Jesu mit dem Zielpunkt des Sühnetodes kommt heraus, was Gott bewegt hat und bewegt: die *Liebe* zu den Menschen. Die Liebe Gottes kann an der Lebenshingabe Jesu erkannt werden (1Joh 3,16) – es kann daran geradezu Gottes *Wesen* abgelesen werden: «Gott ist Liebe» (1Joh 4,8.16). Mit dieser Aussage ist Gottes Wesen vollständig und endgültig beschrieben. Das für «Liebe» gewählte Wort *agape* bringt den Hingabecharakter der Liebe Gottes prägnant zum Ausdruck. Sie ist damit im Brief auch das positive Gegenbild zur «Begierde», dem Kennzeichen «weltlicher» Gesinnung. Besonderen Wert legt der Verfasser auf die Feststellung, dass *Gottes* Liebe menschliche Liebe begründet. Er prägt den Gemeindeangehörigen, an die er schreibt, ein: Nicht wir haben Gott geliebt, sondern er uns (1Joh 4,10), er hat uns zuerst geliebt (1Joh 4,19). Daraus folgt unsere Verpflichtung, einander zu lieben (1Joh 4,11). In der Liebe zueinander kommt Gottes Liebe selbst erst zu ihrer Vollendung (1Joh 4,12). Wir erfahren in der Liebe zu den sichtbaren Brüdern und Schwestern die Gemeinschaft mit dem unsichtbaren Gott (1Joh 4,12.20). Diese Gemeinschaft kann näher als ein wechselseitiges Ineinander-Sein beschrieben werden: Wir sind «in ihm» und er «in uns» (1Joh 4,16). In dieser Beziehung äussert sich unsere Liebe zu Gott darin, dass wir seine Gebote halten. Sie sind im Gebot der Geschwisterliebe konzentriert (1Joh 5,3). Dieses ist das «von Anfang an» (d. h. vom Anfang der Glaubensverkündigung an) gehörte, also das «alte», und zugleich das (von Jesus Christus verkündete und in den Mittelpunkt gestellte) «neue» Gebot (1Joh 2,7f.). Das Leben, das Gott in seiner Liebe den Menschen durch Jesus Christus zugänglich gemacht hat, ist also von der geschwisterlichen Liebe geprägt. Wer so lebt, ist damit aus der Finsternis des Hasses hinausgetreten in den Bereich des wahren Lichtes, das bereits scheint (1Joh 2,8f.). Wer die Geschwister liebt, hat damit den Schritt vom Tod zum Leben vollzogen (1Joh 3,14). Wer dagegen behauptet, Gott zu lieben, die geschwisterliche Liebe aber verweigert, hat sich damit als Lügner erwiesen, hat im Grunde Gott gar nicht «erkannt» (1Joh 4,8), denn wer «in Gott» lebt, lebt damit auch in der brüderlichen Liebe und bewahrheitet darin seine Liebe zu Gott (1Joh 4,20). Wer so in der Liebe lebt, hat auch keine Furcht, sondern im Blick auf den Tag des Gottesgerichts über die Menschheit feste Zuversicht. Die Furcht vor der Strafe (vor dem strafenden Gott) ist in der vollendeten Liebe ausgetrieben. Denn die, in denen die Liebe vollendet ist, leben bereits in der Gemeinschaft mit Gott, der die Liebe ist und diese seine Liebe auch am «Tag des Gerichts» nicht widerrufen wird (1Joh 4,17f.).

Dass «Liebe» im Sinne von *agape* wirklich die umfassende und endgültige Beschreibung des Wesens Gottes ist, wird damit sichergestellt, dass Jesus Christus (von dessen Wirken bzw. von dessen Sühnetod her die Wesensbestimmung Gottes erfolgte) ganz nahe an Gott herangerückt wird als der «Sohn». An seiner liebenden Hingabe hat sich gezeigt, was für Gott schon immer galt, was «von allem Anfang an» sein Wesen ausmacht. So wie einerseits Jesus als *Sohn Gottes* verstanden wird (ohne dass für ihn – mit einer eventuellen Ausnahme im Anhang: 1Joh 5,18 – die Zeugungsmetapher Verwendung findet), so wird andererseits betont daran festgehalten, dass es *Jesus* ist, dem diese einzigartige Nähe zu Gott zugesprochen wird – also der Mensch Jesus aus Nazaret mit seinem Leben in einer bestimmten Zeitspanne und an konkreten Orten. Beides zusammenzuhalten, so wie es in dem Bekenntnis «Jesus ist der Sohn Gottes» (1Joh 4,15) komprimiert erscheint, ist das Anliegen des Briefautors. Denn gerade diese Zusammengehörigkeit haben die aus der Gemeinschaft Ausgeschiedenen infrage gestellt. Die Bezugnahme auf den «irdischen» Jesus haben sie offensichtlich als für den Heilszustand bedeutungslos abgelehnt. Jedenfalls wird ihnen im Brief vorgeworfen, sie leugneten, dass *Jesus* der Christus ist (1Joh 2,22), bzw. würden Jesus nicht als den «im Fleisch» (also in menschlich-irdischer Daseinsweise) Gekommenen bekennen (1Joh 4,2f.). Mit ihrer «Ausklammerung» des Menschen Jesus sprechen sie auch seinem Tod am Kreuz jede heilsame Bedeutung ab, weswegen im Brief extra betont wird, dass Jesus «in Wasser *und Blut*» gekommen ist (1Joh 5,6). Gerade an der liebenden und sühnenden Hingabe Jesu wird ja Gottes Wesen als Liebe erkennbar. Damit verfehlen die aus der Gemeinde Ausgeschiedenen, indem sie *Jesus* nicht verstehen, auch die Erkenntnis *Gottes* (1Joh 2,23). Ein untrügliches Zeichen ihrer Unkenntnis ist die verweigerte Geschwisterliebe (1Joh 4,8). Im Grunde haben sie trotz gegenteiliger Beteuerungen kein Verhältnis zu Gott, welches ja nur ein Verhältnis der Liebe sein kann, das sich dann auch in der geschwisterlichen Liebe äussert (1Joh 4,20). Wer aber glaubt, dass *Jesus* der Christus, der Sohn Gottes, ist, der «hat» auch den Vater (1Joh 2,23) und das ewige Leben, das in seinem Sohn ist (1Joh 5,11f.).

Wer sich so dem Wirken Gottes in Jesus Christus geöffnet hat, gehört zur *Gemeinschaft der Kinder Gottes* – wie man die Christengemeinden johanneischer Prägung zutreffend benennen könnte. Die «Gemeinschaft mit dem Vater und mit seinem Sohn Jesus Christus» (1Joh 1,3) ist über die Verkündigung vermittelt, die das «Wort des Lebens» (1Joh 1,1) weitergibt. Verantwortet wird sie von Trägern der Überlieferung, deren Geschichte bis zu den «Erstzeugen» reicht, die das, was «von Anfang an war», leibhaftig mit allen Sinnen erfahren und in seiner Tiefe erfasst haben – also Jesus während seines Erdenlebens begegnet sind und in ihm den Sohn Gottes wahrgenommen haben (1Joh 1,1). Wer aufgrund der Verkündigung dieser Zeugen in die Gemeinschaft mit ihnen (und damit in die Gemeinschaft mit Gott und Jesus Christus) eingetreten ist, wird (bei seiner Taufe) mit Gottes Gabe des Geistes beschenkt (1Joh 4,13) – oder anders ausgedrückt: ist «gesalbt» mit der Erkenntnis der Wahrheit. Die im Glauben erschlossene, durch den Geist erfahrene Gemeinschaft mit Gott und seinem Sohn ist so eng, dass sie angemessen nur in «Familienmetaphern» beschrieben werden kann: Die Glaubenden sind Gottes «Kinder», von ihm «gezeugt» und untereinander als Brüder und Schwestern in Liebe verbunden (1Joh 3,1). Die Metapher der Zeugung durch Gott wird mit der Aussage radikalisiert, dass Gottes «Same» nun lebensgestaltend in den «Kindern» wirksam sei, sodass sie gar nicht mehr sündigen *können* (1Joh 3,9). Sie sind der Sogwirkung der «Welt» zum Bösen hin entnommen, ihr Glaube ist der Sieg über die «Welt» mit ihren Begierden (1Joh 5,4). Damit sind die «Kinder Gottes» klar von den «Kindern des Teufels» geschieden (1Joh 3,10), haben den «Bösen» besiegt, der in der «Welt» Verderben bringend wirkt (1Joh 2,13f.). Die Kraft dazu kommt eben aus der Verbundenheit mit Gott durch Christus, dessen Kommen das Ziel hat, die Werke des Teufels zu zerstören (1Joh 3,8). Aufgrund der so eng, quasi-naturhaft gedachten Gemeinschaft der Glaubenden mit Gott kann die Trennung eines Teils der Gemeindeangehörigen nur so verstanden werden, dass sie zwar aus der Glaubensgemeinschaft hervorgegangen sind, aber nie wirklich dazugehört hatten, keine von Gott «Gezeugten» waren (1Joh 2,19). Mit ihren verfälschenden Ansichten und ihrer Trennung von der Glaubensgemeinschaft können sie nur in endzeitlichen Kategorien, als die nun in die Welt gekommenen «Antichristen» (1Joh 2,18) und «Lügenpropheten» (1Joh 4,1) verstanden werden.

Das Auftreten von früheren Gemeindeangehörigen, die gleichsam einen «anderen Christus» predigen (sie verwerfen die Erlösung von der Sünde durch sein sühnendes Blut), kann in der Perspektive des Autors nur als Anbruch der «letzten Stunde» gewertet werden (1Joh 2,18) – womit dann auch der «Tag des Gerichts» (1Joh 4,17) in den Blick kommt. Dem können die Glaubenden aber mit Zuversicht (*parrhesia*) entgegensehen, denn sie sind ja «in Gott» und Gott «in ihnen». Sie können darauf hoffen, «ihm» gleich zu werden und «ihn» zu sehen, wie er ist (1Joh 3,2f.), also in die vollendete Gemeinschaft mit Gott (und Christus) zu gelangen.

Der jetzt schon im Glauben und in der Liebe bestehenden Gemeinschaft mit Gott kann es auch nichts anhaben, wenn Christinnen und Christen zwar nicht der Sogwirkung der Sündenmacht verfallen, aber einzelne Sünden begehen, sich zum Beispiel ungerecht verhalten. Wenn sie sich deswegen selbst anklagen, dürfen sie wissen, dass Gott grösser ist als unser Herz (1Joh 3,19–21). Sie können sich darauf verlassen, dass durch den Einsatz Christi Sünden vergeben werden können, die – öffentlich in der Gemeinde – bekannt worden sind (1Joh 1,7–9), ja dass alle Glaubenden Christus als himmlischen Fürsprecher haben (1Joh 2,1). Wie dies mit der behaupteten Sündlosigkeit der «von Gott Gezeugten» zusammenstimmt, bleibt offen. Dieses ungelöste Problem hat möglicherweise dazu geführt, dass dem Brief ein zweiter Schlussteil angefügt wurde. Die darin erstmals genannte «Sünde zum Tod» soll wohl als diejenige Sünde verstanden werden, von der Christinnen und Christen frei sind, während für die übrigen Sünden die Möglichkeit der Fürbitte (und damit der Vergebung) besteht (1Joh 5,16– 21). Vermutlich wurde der Abfall vom Glauben, verbunden mit dem Verlassen der Glaubensgemeinschaft als die «Sünde zum Tod» gewertet. Die Auseinandersetzung um das Verständnis der Sünde dient der Sicherstellung des Lebensgewinns der Christinnen und Christen: Es soll festgehalten werden, dass das wahre, ewige Leben, das den Glaubenden geschenkt ist, wirklich von den Bindungen an die vergehende «Welt» mit ihren Begierden und damit auch von dem darin wirksamen «Bösen» frei macht. Das Leben in der (voneinander nicht abtrennbaren) Liebe zu Gott und den Glaubensgeschwistern, also in der schon im Prolog genannten «Gemeinschaft» (*koinonia*) ist durch keine Macht der «Welt» und des «Bösen» mehr zerstörbar, sondern es gilt das Zeugnis Gottes über seinen Sohn, dass das ewige Leben in diesem «ist», sodass das Leben «hat», wer den Sohn «hat» – also im Glauben den Zugang zu ihm als Gottes Sohn und Retter der Welt gefunden hat (1Joh 5,11.13).

Einordnung in das Gesamtverständnis des johanneischen Christentums

Davon ausgehend soll nun kurz dargestellt werden, wie der 1. Johannesbrief mit den darin sichtbar werdenden Glaubenstraditionen und Konflikten in das von der neutestamentlichen Forschung erarbeitete Gesamtverständnis des johanneischen Christentums eingeordnet werden kann.

Der gesamte Brief dient der Stabilisierung der in der johanneischen Gemeinschaft Verbliebenen angesichts des Konflikts mit den «Antichristen» und «Lügenpropheten». So kann man auch viele Bemerkungen im Brief abseits der ausdrücklichen Auseinandersetzung (1Joh 2,18–27 und 4,1–6) als Anspielungen auf die Gegner und ihre Ansichten deuten. Die besonders im 1. und 2. Kapitel, aber auch verstreut an mehreren Stellen des Briefs zitierten Parolen verraten dann viel vom Selbstverständnis der aus der Gemeinde Ausgeschiedenen: Sie fühlen sich in der Gemeinschaft mit Gott, meinen, Gott erkannt zu haben und in seinem Licht zu sein. Sie sind der Meinung, keine Sünde zu haben, und verwerfen daher auch die Vorstellung, sie seien auf die durch Jesu Opfertod bewirkte Sühne für die Sünden angewiesen. Sie fühlen sich im Besitz des Gottesgeistes (und wahrscheinlich schon dadurch von der Sünde nicht mehr «angreifbar»). Den Empfang des Geistes bei ihrer Taufe stellen sie sich analog zur Taufe Jesu vor, die für sie als Datum der Geistübermittlung im Unterschied zum Tod Jesu am Kreuz bedeutsam bleibt. Sie behaupten, Gott zu lieben, fühlen sich also durch den Gottesgeist in Liebe mit Gott verbunden.

Wenn man die aus dem Brief erschlossenen Merkmale des religiösen Selbstbewusstseins der «Abtrünnigen» mit dem Selbstverständnis der johanneischen Christen vergleicht, stellt man zunächst eine überraschend grosse Übereinstimmung fest: Für die zur «rechtgläubigen» Gemeinschaft Gehörigen wird in Anspruch genommen, dass sie Gott erkannt haben und als Kinder Gottes nicht sündigen (können). Sie sind mit dem Geist «gesalbt» und werden von ihm in die Glaubenswahrheit eingeführt. Als von Gott «gezeugte» Kinder sind sie mit ihm in Liebe verbunden. All diese Übereinstimmungen unterstreichen, dass die jetzt miteinander im Streit liegenden Gruppen einen gemeinsamen Ursprung haben. Der Streit wird im Grunde um das richtige Verständnis der gemeinsamen Glaubensüberlieferung geführt. Als entscheidendes Kriterium dafür wird im Brief das Verhältnis zu Jesus Christus angeführt. Denn nur, wenn Jesus als der «im Fleisch» Gekommene bekannt und als Ziel seines Wirkens sein Sühnetod erkannt wird, ist auch die wahre Gotteserkenntnis und damit die Lebensgemeinschaft mit Gott in der Liebe gesichert. Mit ihrem «vergeistigten» Christusbild haben sich die Gegner also nach Einschätzung des Briefautors von der «Lebensgrundlage» der Gemeinschaft entfernt. Das Bild, das im Brief von ihnen und besonders ihrem Christusverständnis gezeichnet wird, entspricht in vielen Zügen dem, was auch aus anderen Quellen als «Doketismus» bekannt ist. So polemisiert der Bischof Ignatius von Antiochien um 120 n. Chr. in mehreren Briefen an Gemeinden in Kleinasien gegen Anschauungen, die den im 1. Johannesbrief bekämpften sehr ähnlich sind. Überhaupt zeigen sich um die Wende vom 1. zum 2. Jahrhundert zahlreiche und vielfältige Tendenzen zu einer «Vergeistigung» Christi, die aus ihm eine himmlische Erlösergestalt ohne wirkliche «Erdhaftung» machen. Darin macht sich wahrscheinlich der Einfluss der damals entstehenden geistig-religiösen Bewegung der Gnosis bemerkbar. In den verschiedenen gnostischen Systemen wird die Erlösung des Menschen als Befreiung des in ihm verborgenen göttlichen «Lichtfunkens» aus seiner Gefangenschaft in der materiell-körperlichen Sphäre verstanden. In diesem Sinne ist dann auch vielfach das Wirken Jesu umgedeutet worden, und in die damit beginnenden Auseinandersetzungen innerhalb der verschiedenen christlichen Gruppen und Gemeinden lassen sich die Vorgänge einordnen, die zur Abfassung des 1. Johannesbriefs geführt haben. Damit ist auch ein zeitlicher Anhaltspunkt für seine Entstehung gewonnen: um das Jahr 100 n. Chr. oder kurz danach dürfte der Brief geschrieben worden sein.

Wann aber und unter welchen Umständen ist überhaupt die johanneische Gemeinschaft mit ihrer eigentümlichen Version des christlichen Glaubens entstanden? Um einer Antwort darauf näher zu kommen, ist die «wir»-Gruppe interessant, die im Prolog des Briefs zu Wort kommt und das später gebrauchte «Ich» des Verfassers gleichsam autorisiert. Diese «wir» stellen sich als diejenigen vor, die das ewige Leben, «welches beim Vater war und uns erschienen ist», bezeugen und verkünden. Sie sind somit diejenigen, die für die Gemeinden die Weitergabe des «Wortes des Lebens», die Christusverkündigung also, verantworten. Das «wir» umfasst aber nicht nur die gegenwärtig existierende Gruppe, die johanneische Glaubenstraditionen bewahrt und weitergibt. Ausdrücklich *vor* der Bezeugung und Verkündigung ist die *Augenzeu-*

genschaft genannt: Die «wir» haben «gehört», «gesehen», «geschaut» und «betastet» – haben also den, in dem das ewige Leben erschienen ist, «leibhaftig» erlebt und sind auch Zeugen seiner neuen Lebendigkeit jenseits des Todes geworden. Mit dem «Schauen» ist offenbar im Unterschied zum Blick auf den irdischen Jesus das vertiefend-erkennende Schauen des Auferstandenen gemeint. Auch das «Betasten» hat wohl mit der Auferstehungserfahrung zu tun (vgl. Joh 20,24–29). So umfasst das «wir» im Prolog des 1. Johannesbriefs die Zeiten «von Anfang an», nämlich vom Beginn des Auftretens Jesu an. Gemeint ist damit also eine «Kette» von Zeugen, die bis zu den Augenzeugen Jesu reicht. Mit der Existenz der die Zeiten seit Jesus umfassenden «wir»-Gruppe ist garantiert, dass die Lebensbotschaft von Jesus Christus authentisch bewahrt worden ist und weiterhin überliefert wird.

Es wird hier eine damals durchaus mögliche Denk- und Ausdrucksweise verwendet, die man nach heutigem Verständnis so interpretieren kann, dass über mindestens zwei bis drei Generationen hinweg ein Kreis von Schriftkundigen und theologisch Gebildeten innerhalb der johanneischen Gemeinschaft gewirkt hat. Diesem Kreis ist die Verschriftlichung und Bearbeitung der Glaubensüberlieferungen zu verdanken, die im Johannesevangelium dokumentiert sind. Mitglieder dieses Kreises haben auch die drei erhaltenen Briefe verfasst, von denen der erste der weitaus längste und inhaltlich bedeutendste ist. Gerade auch wegen der komplizierten Entstehungs- und Bearbeitungsgeschichte des Johannesevangeliums ist die zeitliche Abfolge von Evangelium und Briefen nicht mehr sicher zu rekonstruieren. Wenn auch der 1. Johannesbrief sich an vielen Stellen, jedoch ohne ein direktes Zitat, auf das Evangelium zu beziehen scheint, so ist doch damit nicht geklärt, ob der Bezugstext bereits das Evangelium in der uns bekannten Form war, oder ob dafür eher mündliche und schriftliche Traditionen infrage kommen, die dann in das später entstandene Evangelium aufgenommen wurden. Andere im 1. Johannesbrief vertretene Anschauungen finden sich nämlich so überhaupt nicht im Evangelium, zum Beispiel das Verständnis des Todes Jesu als Sühnegeschehen.

Der «johanneische Kreis» wird von vielen Forschenden in Analogie zu philosophischen und religiösen «Schulen» der Antike gesehen. Solche Schulen, in denen eine bestimmte philosophische oder religiöse Überlieferung angeeignet, weitergegeben und weiterentwickelt wird, führen sich jeweils auf eine Gründungspersönlichkeit zurück. Kann man etwas Derartiges auch für den johanneischen Kreis belegen? Im Johannesevangelium wird an wenigen markanten Stellen der Leidens- und Auferstehungserzählungen ein «Jünger, den Jesus lieb hatte» eingeführt. Unabhängig von den verschiedenen Theorien zum «Lieblingsjünger» kann angenommen werden, dass dieser namentlich nicht bekannte (und dem engeren Zwölferkreis nicht angehörende) Jünger mit seiner in besonderer Weise verinnerlichten Wahrnehmung Jesu Christi einen Kreis von Menschen geprägt hat, aus dem dann die «johanneische Schule» mit den ihr zugehörigen Gemeinden erwachsen ist. Zunächst gehörten die johanneisch geprägten Jesusanhänger zu einem jüdischen Synagogenverband, wie es überwiegend in der Geschichte des Urchristentums der Fall war. Aufgrund ihres Bekenntnisses zu Jesus Christus wurden sie ausgeschlossen und wohl auch verfolgt. Der Widerhall dieser Erlebnisse durchzieht das Johannesevangelium.

Die weitere Entwicklung hin zur selbstständigen Existenz johanneischer Gemeinden muss sich in einem Gebiet abseits der

Zentren des übrigen Urchristentums vollzogen haben. Nur so erklärt sich zum einen die Entwicklung einer weitgehend eigenen Sprach- und Gedankenwelt und zum anderen der Umstand, dass die johanneischen Gemeinden den übrigen Christen offenbar lange unbekannt geblieben sind, sodass auch Lukas, der ja in seiner Apostelgeschichte umfassend über die Kirche des Anfangs berichten will, nichts von ihnen weiss.

Für die Selbstbeschreibung der johanneischen Gemeinschaft typisch ist die Familienmetaphorik – und vielleicht kann man daraus schliessen, dass es sich bei den johanneischen Gemeinden wirklich um kleinere «Hausgemeinden» in verschiedenen Orten einer Region gehandelt hat. Darauf deuten auch die für den 2. und 3. Johannesbrief vorauszusetzenden Verhältnisse hin. Auf jeden Fall gab es – von den Autoritäten des «johanneischen Kreises» abgesehen – keine Ämter und Rangunterschiede in den Gemeinden, denn die johanneischen Christen verstanden sich ja als gleichermassen durch die Geistsalbung mit Glaubenserkenntnis erfüllte «Kinder Gottes».

Für die «Verortung» der johanneischen Gemeinden gibt es einige Indizien, die aber keine zweifelsfreien Schlüsse erlauben. Wenn es zutreffend ist, dass sich die Entwicklung des johanneischen Christentums abseits der sonstigen urchristlichen Zentren vollzogen hat, käme dafür nach Ansicht mancher Forschenden das Gebiet nordöstlich des Jordan infrage, nach anderen Theorien das Gebiet der damaligen (mit dem heutigen Staat nicht völlig deckungsgleichen) römischen Provinz Syrien, freilich etwas abseits von dessen Metropole Antiochia.

Letztere Annahme würde zugleich erklären, dass es an manchen Stellen der johanneischen Schriften Berührungen mit Gedankengut aus Briefen des Paulus zu geben scheint, denn

Antiochia war ja für Paulus in seiner Frühzeit als Christ und Missionar die «Heimatgemeinde». Andererseits weisen auch Spuren nach Kleinasien: In einer Schrift von Polykarp, dem Bischof von Smyrna in Kleinasien, findet sich erstmals ein Anklang an eine Stelle aus dem 1. Johannesbrief (1Joh 4,2f.). Da Polykarp um 160 n. Chr. als Märtyrer starb, muss der 1. Johannesbrief um 150 n. Chr. unter den Christen Kleinasiens bekannt gewesen sein. Der Bischof Irenäus von Lyon, der (um 180 n. Chr.) erstmals ausführlich und wörtlich aus dem 1. Johannesbrief zitiert, stammt ebenfalls aus Kleinasien.

Bereits erwähnt wurden die Briefe des Bischofs Ignatius von Antiochien an kleinasiatische Gemeinden mit ihren Warnungen vor «doketischen» Auffassungen, ähnlich denen im 1. Johannesbrief. Diese und andere Indizien sprechen nach Meinung einer Reihe weiterer Forschenden für die damalige Grossstadt Ephesus und Umgebung als Heimat der johanneischen Gemeinden – jedenfalls als zweite Heimat, wenn man an einen durch Verfolgung bedingten Wegzug der Gemeindeangehörigen vom Ursprungsgebiet nach Kleinasien denkt. Auch und gerade in Ephesus, wo ja Paulus längere Zeit gewirkt hatte, könnte der johanneische Kreis mit dessen Gedankengut in Berührung gekommen sein – wenn man denn überhaupt eine solche Beeinflussung voraussetzen will.

Letzte Klarheit über die Geschichte des johanneischen Christentums wäre wohl, wenn überhaupt, nur durch neue Funde schriftlicher Quellen zu gewinnen. Nach heutigem Kenntnisstand kann nur vermutet werden, dass der Streit in den johanneischen Gemeinden mit dem Auszug der «Antichristen» und «Pseudopropheten» den Beginn der grossen Auseinandersetzungen mit einem doketisch-gnostischen Verständnis des Christentums markiert, in den die christlichen Gemeinden bald überall hineingezogen werden sollten. Dabei konnte gerade der 1. Johannesbrief mit seinem Beharren auf dem «Zugleich» des Menschen Jesus und des Gottessohnes zur Klärung herangezogen werden.

Jedenfalls zeigen die in der zweiten Hälfte des 2. Jahrhunderts einsetzenden Zitate aus johanneischem Schrifttum und dessen spätere Aufnahme in den Kanon der massgeblichen urchristlichen Schriften, dass die johanneischen Gemeinden schliesslich in Kontakt und dann auch in einen organisatorischen Zusammenhang mit dem übrigen Urchristentum gekommen sein müssen. Sie haben ihre Schriften und damit ihr spezielles Verständnis des Lebenswortes in den gemeinsamen Bestand der urchristlichen Überlieferungen eingebracht, aus denen das Neue Testament hervorgegangen ist.

Dieser Vorgang muss mit der Zuschreibung der Verfasserschaft an den Jünger und Apostel Johannes (aufgrund der Identifikation mit dem «Lieblingsjünger») verbunden gewesen sein. So sind Evangelium und Briefe des Johannes Bestandteile der Sammlung christlicher Grundschriften geworden.

Charakteristisch für das Neue Testament ist ja, dass darin keine einheitliche «Linie» vorgegeben ist, sondern ganz unterschiedliche Zugangsweisen zu dem Geschehen dokumentiert sind, dem sich alle diese Schriften verdanken – in der Terminologie des 1. Johannesbriefs ausgedrückt: der Sendung des Gottessohnes Jesus zur Rettung der Welt als Erweis der Liebe Gottes.

Zur Wirkungsgeschichte

Der 1. Johannesbrief ist, wie die anderen neutestamentlichen Schriften auch, immer wieder abgeschrieben, in den Gottesdiensten verlesen und ausgelegt und von den Gelehrten studiert worden. Im Lauf der Jahrhunderte ist er aus stets neuen Perspektiven betrachtet worden und hat bedeutende Wirkungen entfaltet. Das bezieht sich auf einzelne Ausdrücke, auf markante, die christliche Botschaft zusammenfassende Sätze (an denen der 1. Johannesbrief so reich ist) sowie natürlich auch auf längere Abschnitte und auf die Gedankengänge des Briefs insgesamt.

Die Wirkungsgeschichte des 1. Johannesbriefs soll hier exemplarisch aufgezeigt werden: zum einen an dem bis heute verhängnisvoll nachwirkenden Ausdruck «Antichrist», zum anderen an dem Satz, der die durch Jesus Christus erschlossene Gotteserfahrung kurz und erleuchtend zusammenfasst: «Gott ist Liebe.»

Der «Antichrist»

«Jorge liess eine lange Pause eintreten. Dann sprach er weiter. ‹Wer aber ist der Inbegriff dieser Hoffart? Wessen Abbilder und Vorboten, Helfershelfer und Wegbereiter sind diese Hoffärtigen? Wer hat in Wahrheit gehandelt [...]? Oh, ihr habt es sehr gut verstanden, ihr wisst es genau, und ihr fürchtet euch, seinen Namen zu nennen, denn er ist auch der eure, und ihr habt Angst vor ihm! Doch mögt ihr auch Angst haben, ich habe keine, und so sage ich denn mit lauter Stimme, auf dass eure Eingeweide sich wenden vor Schrecken und eure Zähne klappern, bis sie euch die Zunge abbeissen, auf dass euch das Blut in den Adern gerinne und sich über eure Augen ein dunkler Schleier lege … Es ist die Bestia immunda: der Antichrist!› Er machte erneut eine lange Pause. Die Mönche sassen in ihrem Gestühl, als wären sie tot.» (Eco, 529f.)

Umberto Eco lässt uns in seinem Roman «Der Name der Rose» nacherleben, welchen Schrecken allein die Nennung des Namens «Antichrist» im Mittelalter auslösen konnte. Die *inhaltlichen* Vorstellungen von der dämonischen, teuflischen Natur des endzeitlichen Widersachers Christi und von seinem verderblichen Wirken entnahm man anderen Schriften: den Beschreibungen des «Sohnes des Verderbens» im 2. Thessalonicherbrief (2Thess 2,3–12), der falschen Christusse und Propheten aus Jesu Endzeitrede in den synoptischen Evangelien, besonders bei Matthäus (Mt 24,23–26) und vor allem der Beschreibung der beiden Tiere aus der Offenbarung des Johannes (Offb 13). Der so treffende und diese disparaten Vorstellungen zusammenfassende *Name* jedoch wurde dem 1. (und 2.) Johannesbrief entnommen – und *nicht nur* der Name: Die der johanneischen Gemeinschaft offenbar geläufige Antichrist-Vorstellung wurde ja herangezogen, um die aus der Gemeinde Ausgeschiedenen mit ihrer falschen Christuslehre zu kennzeichnen. Gerade aber die Anwendung der Vorstellung von *einem* Antichrist auf die *vielen* abtrünnig Gewordenen, die aus der Mitte der Gemeinde stammten, durch ihr Weggehen aber ihre wahre Nicht-Zugehörigkeit, ihr Gefangensein im Geist des Antichrist, gezeigt hatten, gab der Idee Nahrung, der Antichrist entfalte mitten in der Kirche seine verderblichste Wirkung. Diese Anschauungen wurden im Laufe der folgenden Jahrhunderte zu einem regelrechten «Lehrgebäude» vom Antichrist und seinen Erscheinungsweisen ausgebaut. Entsprechend kam es immer wieder zur «Entlarvung» theologischer oder kirchenpolitischer Gegner und der Irrlehre verdächtiger Gemeinschaften als Antichristen.

In dieser verhängnisvollen Tradition stand auch Martin Luther, in dem sich je länger, desto mehr die Überzeugung verfestigte, keine Person, sondern die *Institution des Papsttums selbst* sei die eigentliche antichristliche Macht. In seiner Vorlesung über den 1. Johannesbrief von 1527 meinte Luther, alle anderen Irrlehrer hätten nur immer jeweils ein Stück von Christus bestritten, der Papst (gemeint ist das Papsttum) greife aber den *ganzen* Christus an, indem er neben und anstelle der auf Christus gegründeten Gerechtigkeit eine eigene Gerechtigkeit propagiere, die sich auf eigene fromme Werke und auf den Gehorsam gegen die römische Kirche gründe.

> «Keiner griff bisher das Hauptstück evangelischer Lehre an, nämlich die Unterscheidung zwischen menschlicher und göttlicher Gerechtigkeit, deretwegen Christus kam, um sie zu stiften d. h. um Gerechtigkeit und ewiges Leben zu schenken und so ein neues Menschengeschlecht zu machen. Die dieses Hauptstück angreifen, die sind die wahren Antichristen» (Luther, 151).

> «Wer also gegen diese Lehre streitet, ist der Antichrist. Keiner hat's mit solchem Ansehen betrieben wie der Papst; darum ist er das Haupt der Antichristen» (Luther, 154).

Diese Festlegung Luthers auf das Papsttum als hauptsächlichen Antichristen ist unter evangelischen Theologen lange weiter tradiert worden – was freilich nicht ausschloss, dass auch innerevangelische Gegner kurzerhand zu Antichristen erklärt wurden. Bis weit in die Neuzeit hinein blieb es eine schlimme Tradition in der Kirche, jeweils andersdenkende Theologen und kirchliche Gruppierungen als Antichristen zu denunzieren. Damit ist in die Kirche eine Atmosphäre lauernden Misstrauens und stetiger Bereitschaft zu scheinbar letztgültigen Urteilen über andere eingezogen, die zuweilen immer noch als bedrückend empfunden wird. Zu erhoffen ist eine Veränderung hier nur, wenn grundsätzlich darauf verzichtet wird, sich in theologisch-kirchlichen Kontroversen letzte Urteile im vermeintlichen Licht der Endzeit anzumassen. Ein solcher Verzicht kann nur wirklich werden in der Kraft der Liebe, von der gerade im 1. Johannesbrief so viel Erhellendes zu lesen ist.

«Gott ist Liebe»

> «‹Gott ist die Liebe, und wer in der Liebe bleibt, bleibt in Gott, und Gott bleibt in ihm› (1Joh 4,16). In diesen Worten aus dem Ersten Johannesbrief ist die Mitte des christlichen Glaubens, das christliche Gottesbild und das daraus folgende Bild des Menschen und seines Weges in einzigartiger Klarheit ausgesprochen.»

Mit dieser Feststellung beginnt die Enzyklika Papst Benedikts XVI. vom 25.12.2005 mit dem Titel «Deus caritas est», also dem ins

Lateinische übersetzten Satz aus dem 1. Johannesbrief: «Gott ist Liebe.» Bereits in den zitierten, die Enzyklika eröffnenden Worten wird deutlich, welch grosse Bedeutung von jeher und bis heute diesem Satz beigemessen wird, der ja tatsächlich in einer sonst im Neuen Testament nicht erreichten Kürze und Prägnanz christliche Gotteserfahrung zusammenfasst.

Da der Satz, losgelöst vom Kontext, wie eine Definition klingt, ist er auch immer wieder als eine solche verstanden und diskutiert, aber auch polemisch zur Bestreitung des christlichen Glaubens verwendet worden. Ein besonders eindrückliches Beispiel für Letzteres findet sich in dem im 19. Jahrhundert epochemachenden Werk des Philosophen Ludwig Feuerbach «Das Wesen des Christentums». Feuerbach wollte darin aufzeigen,

> «dass das Bewusstsein Gottes nichts anderes ist als das Bewusstsein der Gattung [...], dass der Mensch kein andres Wesen als *absolutes* Wesen denken, ahnen, vorstellen, fühlen, glauben, wollen, lieben und verehren kann als *das Wesen der menschlichen Natur*» (Feuerbach, 317).

Der Mensch setzt im Glauben an Gott lediglich sein eigenes Wesen, sein Menschsein aus sich heraus und verehrt dieses sein eigenes Wesen als ein besonderes, «höheres» Wesen. Dies muss ihm bewusst gemacht werden, und dieser Bewusstmachung ist Feuerbachs Buch gewidmet. Dabei kommt er wiederholt auf den Satz «Gott ist die Liebe» zurück (wobei er vor «Liebe» den im griechischen Original gar nicht vorhandenen Artikel setzt).

> «Gott ist die Liebe. Dieser Satz ist der höchste des Christentums. Aber der *Widerspruch des Glaubens und der Liebe* ist

> schon in diesem Satze enthalten. Die Liebe ist nur ein Prädikat, Gott das Subjekt. [...] In dem Satz ‹Gott ist die Liebe› ist das Subjekt das *Dunkel*, hinter welches der Glaube sich versteckt, das Prädikat das *Licht*, das erst das an sich dunkle Subjekt erhellt. [...] Der Begriff eines *persönlichen, für sich seienden* Wesens ist nichts weniger als identisch mit dem Begriffe der Liebe; es ist vielmehr auch *etwas ausser und ohne die Liebe.*» (Feuerbach, 310).

Feuerbach hat den Verdacht, dass in dem Subjekt «Gott» sich ausser der ihm im Prädikat zugesprochenen Liebe noch allerlei «Dunkles» verbirgt, dass Gott «mir auch noch in andrer Gestalt als in der der Liebe» erscheint, «auch in der Gestalt der Allmacht, einer finstern, nicht durch die Liebe gebundenen Macht» (Feuerbach, 59). Es ist deshalb nach Feuerbach notwendig, diesen höchsten Satz des Christentums wie alle religiösen Sätze nach folgender Regel umzukehren:

> «Was nämlich die Religion zum *Prädikat* macht, das dürfen wir nur immer zum *Subjekt*, und was sie zum *Subjekt*, zum *Prädikat* machen, also die Orakelsprüche der Religion *umkehren*, als contre-véritez auffassen, so haben wir das Wahre» (Feuerbach, 68).

Wenn nach dieser Regel Subjekt und Prädikat in dem Satz «Gott ist die Liebe» vertauscht werden, ergibt sich als dessen wahrer Sinn:

> «in der göttlichen Liebe vergegenständlicht, bejaht sich nur die menschliche Liebe. In Gott vertieft sich nur die Liebe in sich als die Wahrheit ihrer selbst» (Feuerbach, 63).

Unter den theologischen Entwürfen der jüngeren Zeit, die sich mit Feuerbach auseinandersetzen und sich dabei ausdrücklich auf den Satz «Gott ist Liebe» in seinem Kontext beziehen, sei nachdrücklich auf Eberhard Jüngels Werk «Gott als Geheimnis der Welt» verwiesen. Jüngel möchte die Kritik Feuerbachs ernst nehmen, dass dem als Subjekt verstandenen Gott in dem Satz «Gott ist Liebe» ausser der Liebe auch noch ganz andere Prädikate zu eigen sein könnten. Es sei also nicht sichergestellt, dass Gott wirklich Liebe *ist*: «Hat Feuerbach nicht recht, wenn er befürchtet, dass den Theologen letztlich doch mehr an der potentia dei absoluta und an einem deus absconditus gelegen ist als an der Wahrheit, dass Gott Liebe *ist*?» (Jüngel, 432). Die Theologie muss sich davor hüten, «Gott und Liebe in dem Sinn ontologisch zu differenzieren, dass Gottes Sein eben doch nicht durch Liebe *definiert* ist» (Jüngel, 432). Vielmehr muss der Satz «Gott ist Liebe» nach Jüngel tatsächlich so verstanden werden, dass er die Identität von Gott und Liebe aussagt – dies allerdings nicht in dem Sinne, dass dabei «Gott» zu einem überflüssigen Wort würde.

Aus dem Kontext der beiden gleichlautenden Sätze 1. Johannes 4,8 und 4,16 ergibt sich: Es geht in der Auseinandersetzung zwischen der johanneischen Gemeinde und ihren Gegnern darum, daran festzuhalten, dass Gott sich mit dem Menschen Jesus identifiziert hat. Dass Gott als «Vater» den geliebten «Sohn» in die Welt der Lieblosigkeit und des Todes gesandt und sich im Sohn selbst der Lieblosigkeit, dem Tod ausgesetzt hat, um den Menschen einzubeziehen in die ursprüngliche Liebe von Vater und Sohn, «das erst erlaubt die identifizierende Aussage: Gott ist Liebe», denn darin erweist sich Gott «als das ausstrahlende Geschehen der Liebe selbst» (Jüngel, 449).

Der Feuerbach so verdächtige Glaube an Gott ist es, der auch die Liebe *als* Liebe in ihrem Wesen bewahrt. Denn zum einen bleiben Liebende auch in ihrer Vereinigung unterschieden und bleibt die Liebe selbst davon nochmals unterschieden. «Diesen Unterschied wahrt der Glaube, der glaubt, dass Gott die Liebe *ist*» (Jüngel, 468). Zum anderen erfahren gerade Liebende die Ohnmacht der Liebe angesichts der Übermacht der Lieblosigkeit in der Welt. Angesichts dessen vertraut der Glaube darauf, dass die Liebe bleibt, ist er doch «das Vertrauen darauf, dass der liebende Gott zugleich die Liebe selber *ist*.» (Jüngel, 469).

Jüngel sieht in der Sendung des «Sohnes» durch Gott den «Vater» in die Welt zugunsten des Menschen (1Joh 4, 9f.14) bereits eine trinitarische Gottesvorstellung wirksam: Der liebende Vater trennt sich vom geliebten Sohn (den er in der Identität mit dem gekreuzigten Menschen Jesus liebt), nimmt in ihm die Lieblosigkeit und den Tod auf sich, ist darin zugleich das ausstrahlende Geschehen der Liebe selbst und knüpft damit (als Geist) das Band der Liebe zu den Menschen, um sie in dieses Geschehen der Liebe einzubeziehen.

Jüngels hier notwendig von mir verkürzend referierte Ausführungen beruhen allerdings eher auf eigenständigem Weiterdenken johanneischer Glaubensaussagen als auf der Erhebung und Erhellung von Denkstrukturen aus dem Text des 1. Johannesbriefs selbst. Das ist ihm denn auch von namhaften Vertretern der neutestamentlichen Exegese entgegengehalten worden. Auch ist in dem Satz «Gott ist Liebe», den als «Gottesdefinition» zu bezeichnen zumindest missverständlich wäre, das Gefälle von Subjekt und Prädikat unumkehrbar.

Dennoch zeigt sich schon an der dargestellten Kontroverse um die Deutung des Satzes «Gott ist Liebe», wie anregend gerade das

4. Kapitel des 1. Johannesbriefs mit seiner Spitzenaussage in den Versen 8 und 16 bis heute wirkt.

Impulse für das Nachdenken über den christlichen Glauben heute

Das Ziel aller Bemühungen um das Verstehen eines neutestamentlichen Textes wie des 1. Johannesbriefs ist noch nicht damit erreicht, dass man der «inneren Bewegung» des Textes folgt und die Hauptlinien der Argumentation aufzuspüren versucht, um die *damalige* Aussageabsicht zu erfassen. Denn die Wirkungsmacht des Textes ist damit, dass er einst seinen ursprünglichen Adressaten in ihrer damaligen Situation Hilfen zum Bleiben in der überlieferten Glaubenswahrheit gegeben hat, keineswegs erschöpft. Vielmehr wirkt der Text gleichsam über sich hinaus, regt auch in veränderten Weltzuständen und Lebenssituationen zum Überdenken und gedanklichen neu Erfassen der Wahrheit des christlichen Glaubens an. Die Beispiele aus der Wirkungsgeschichte vermittelten davon bereits einen Eindruck. Impulse aus dem Brief sollen daher nun genutzt werden, um das Nachdenken über den christlichen Glauben heute anzuregen. Damit soll freilich nicht behauptet werden, der Autor des Briefs habe von seinen Voraussetzungen her auch schon so denken müssen. Der grosse zeitliche Abstand, der unter anderem auch markante Veränderungen des Weltbildes einschliesst, muss mitgedacht werden. Das darf einen aber nicht davon abhalten, der *Grundintention* des Briefs folgend in unserer so veränderten Situation das im Brief Ausgeführte weiterzudenken. Diese Anregungen zum Weiterdenken sollen wenn immer möglich Lockerheit und Offenheit mit innerer Konsequenz und Schlüssigkeit verbinden, und dabei aber auch die Provokation nicht scheuen, wo sie sich als Konsequenz aus johanneischen Impulsen ergibt.

Mehrfach wird dabei auf Aussagen des Johannesevangeliums verwiesen. Dies geschieht nicht systematisch und schon gar nicht mit dem Anspruch auf Vollständigkeit, will aber als Hinweis darauf verstanden werden, dass sich manches im Brief verkürzt oder auch stark komprimiert Angesprochene durch einen Blick in das Evangelium ergänzen und vertiefen lässt. Aufgrund der schon angedeuteten komplizierten Entstehungs- und Bearbeitungsgeschichte des Evangeliums sowie der in der Forschung umstrittenen zeitlichen Zuordnung von Briefen und Evangelium sind hier nur solche vereinzelten Hinweise möglich. Vielleicht aber regen sie doch zu eigener Lektüre dieses besonderen «Christusbuchs» an.

Zur Orientierung dient das Leitwort «Leben», das den 1. Johannesbrief programmatisch eröffnet und beschliesst, aber auch den gesamten Text, manchmal ausdrücklich, manchmal mehr untergründig, durchzieht.

Dass bereits im Briefprolog Jesus Christus in seiner Bedeutung als die Erscheinung des wahren Lebens umschrieben wird, kann geradezu als genialer Einstieg bezeichnet werden. Denn damit ist der denkbar umfassendste Ansatz zur Entfaltung der christlichen Glaubenswahrheit gewählt worden. Das kann heute aufgegriffen werden: Alle Menschen sind miteinander zutiefst verbunden in der unmittelbaren Erfahrung ihres Lebendigseins, in der Wahrnehmung des Lebens in seiner Grossartigkeit, aber auch Gefährdung und Vergänglichkeit, in der Suche nach einem sinnerfüllten Leben. Alle Menschen, gleich welcher Religion und Weltanschauung, können also *verstehen*, worum es im christlichen Glauben geht, wenn er als Zugang zum wahren und bleibenden Leben gedeutet wird. Vom Leitwort «Leben» her ist grundsätzlich mit allen Menschen das Gespräch über den christlichen Glauben möglich.

«Leben» im Sinne von *zoe* verbindet den Aspekt des *sinnvollen* und des *bleibenden* (*überzeitlichen*) Lebens. Selbstverständlich kann ein Mensch sein physisches, zeitlich begrenztes Leben führen, ohne die *zoe* zu haben. Dies wäre aber nach johanneischem Verständnis ein Leben im Dunkel, wäre ein verfehltes und dem ewigen Tod verfallenes Dasein. Erst das Leben im Sinne der *zoe* ist wirkliches Leben, und erst wer die *zoe* hat, ist im eigentlichen Sinne lebendig.

Nun verfügen aber die Menschen nicht über dieses wahre und bleibende Leben, nach dem im Grunde alle suchen. Das hat nach johanneischer Auffassung mit der Grundsituation zu tun, in der sich alle Menschen befinden. Alle menschlichen Verhältnisse und Bestrebungen, alle Zustände in der «Welt» sind von der Sünde wie von einer lebensbedrohenden, die Willensäusserungen der Einzelnen und ihre Beziehungen zueinander vergiftenden Atmosphäre umgeben und durchdrungen.

Im 1. Johannesbrief werden nur wenige konkrete Angaben zu dieser menschlichen Grundsituation gemacht – diese allerdings klingen zeit- und kulturübergreifend aktuell: Dass Begierden uns «abdriften» lassen von dem, was wir selbst im Grunde für richtig halten, dass die Versuchungen des Konsums bedrängend wie nie zuvor geworden sind, dass der Hass (allein schon in dem im 1. Johannesbrief vorherrschenden Sinn verweigerten Mitgefühls und unterlassener Hilfeleistung) unser Zusammenleben schwer beeinträchtigt und deformierend auf die Hassenden bzw. Gleichgültigen zurückwirkt – dies alles ist gut nachvollziehbar. Insofern sind die Aussagen von der Macht der Sünde und von der durch sie bewirkten «Lebensverfinsterung» zu bejahen. Die Radikalität, mit der im 1. Johannesbrief diese Grundsituation des Menschen gekennzeichnet wird, kann helfen, unbeschönigt auch finstere Aspekte unserer Lebenswelt wahrzunehmen.

Aber ist die menschliche Grundsituation mit der Feststellung schon hinreichend beschrieben, dass die Menschen in der «Welt» der Macht der Sünde ausgeliefert und alle ihre Bestrebungen und Beziehungen dadurch *so* in ihrem Kern geschädigt sind, dass ihnen lediglich die *Sehnsucht* nach dem wahren Leben bleibt, dieses selbst aber ihnen unzugänglich ist? Gibt es nicht zumindest vorläufige Erfahrungen gelingenden, erfüllten Lebens, Vorerfahrungen der *zoe*? *Muss* es nicht geradezu solche Erfahrungen geben, wenn die Welt als Schöpfung *Gottes* verstanden werden soll – desselben Gottes, der auch Jesus Christus in die Welt gesandt hat?

Im Prolog des Johannesevangeliums findet sich hierzu eine klärende und weiterführende Aussage, an die man anknüpfen kann: Vom «Wort» (giechisch *logos*) wird hier gesagt, dass es schon im Uranfang bei Gott war und dass durch das Wort «alles» (griechisch *panta*) geworden ist (Joh 1,1–3). Weiter heisst es vom *logos*, dass in ihm das Leben (die *zoe*) war, «und das Leben war das Licht der Menschen» (Joh 1,4). Auch wenn gleich im Anschluss daran die Rede davon ist, dass das Licht «in der Finsternis scheint» und die Finsternis «es nicht ergriffen hat» (Joh 1,5), so ist doch mit der Aussage von Vers 4 geklärt, dass aller Finsternis ungeachtet die gesamte Wirklichkeit eine durch Gott (nämlich durch das göttliche «Wort») geschaffene ist, in der das Licht des Lebens leuchtet.

«In ihm war Leben, und das Leben war das Licht der Menschen» (Joh 1,4): In dem, was hier vom «Wort» ausgesagt wird, ergibt sich ein johanneischer Ansatzpunkt für eine verglichen mit dem 1. Johannesbrief umfassendere und deutlich positivere Einschätzung der menschlichen Grundsituation: Diese ist schon seit jeher davon bestimmt, dass die gesamte Wirklichkeit als Gottes Schöpfung erfasst werden kann. In ihr bleibt das ursprüngliche Wort, das sie ins Leben rief, als «Lebenslicht» in vielen «natürlichen Lichtblicken» gegenwärtig: etwa im Überwältigtsein von der Schönheit und Kostbarkeit des Lebens oder in der Erfahrung der Liebe in ihren vielfältigen Formen! Erst wenn das Weiterwirken des «Lebenslichts» in die Situationsbeschreibung des Menschen in der «Welt» einbezogen wird, hat andererseits das Ausmalen der menschlichen Lebenssituation in den dunklen Farben der Heillosigkeit, wie es im 1. Johannesbrief geschieht, sein Recht. Es handelt sich dabei ja auch nicht einfach um Schwarzmalerei, sondern um eine (wenn auch überzeichnete) Darstellung, welche die entscheidende *Situationsveränderung* erst richtig verstehbar macht, die gleich im Briefeingang verkündet wird: «Das Leben ist erschienen!» (1Joh 1,2). Das wahre und bleibende Leben ist von Gott voll und ganz (im Grundsatz) allen Menschen zugänglich gemacht worden. Dazu hat er den «Sohn» in die Welt gesandt, damit «wir» (nämlich grundsätzlich alle Menschen) «durch ihn leben sollen».

Gott wird also vorgestellt als derjenige, bei und in dem die Fülle der *zoe* ist. Er teilt den Menschen davon mit, bezieht sie durch den «Sohn» in den Lebenszusammenhang mit sich ein. Damit hat Gott nach johanneischem Verständnis auch sein Wesen vollständig offenbart. Dies ist freilich nicht so gemeint, dass Gott nun objektiv-distanziertem Erkennen vonseiten des Menschen zugänglich geworden wäre. Demgegenüber gilt: «Niemand hat Gott je gesehen» (1Joh 4,12). «Erkennbar» im johanneischen Sinn ist Gott dadurch geworden, dass durch Jesus, den

«Sohn Gottes», jedem Menschen der «Einstieg» in die Gemeinschaft mit Gott eröffnet und darin die Erfahrung Gottes ermöglicht wird, wie er seiner Wesensart nach ist. Diese unwiderruflich den Menschen zugewandte Wesensart Gottes wird in den Metaphern «Licht» und «Liebe» zusammengefasst.

Die uralte Verbindung von «Licht» mit «Leben» können wir intuitiv erfassen und so auch nachvollziehen, dass die Lichtmetapher Gott als Urquell und Inbegriff des wahren und bleibenden Lebens meint. Das Licht schliesst die Finsternis von sich aus – darauf kommt es dem Briefautor bei der Verwendung der Lichtmetapher besonders an: «Gott ist Licht, und in ihm gibt es keinerlei Finsternis» (1Joh 1,5). Diese Aussage ist über den unmittelbaren Kontext hinaus und in Verbindung mit der «Liebesmetapher» von grundsätzlicher Bedeutung für alle Bemühungen um eine Gottesvorstellung, die dem entspricht, wie Gott durch Jesus «ausgelegt» worden ist. Die Sätze «Gott ist Licht» und «Gott ist Liebe» fassen die neue und endgültige «Auslegung» Gottes durch Jesus klar und einleuchtend zusammen.

Damit wird eine Gottesvorstellung als überholt erwiesen, wie sie beispielsweise im Jesajabuch formuliert ist, wo sich Gott in einem Prophetenspruch folgendermassen vorstellt: «Ich bin der Herr und keiner sonst. Der das Licht bildet und die Finsternis schafft, der Heil vollbringt und Unheil schafft, ich, der Herr, bin es, der all dies vollbringt.» (Jes 45,6f.). Diese Aussage über Gott als allumfassenden Urheber von Heil wie auch Unheil hat ihrerseits einmal die Vorstellung als überholt abgelöst, die den Gott Israels als einen unter vielen Göttern mit jeweils begrenzter Macht ansah. Nunmehr kann, die genannte Jesaja-Stelle wiederum überholend, von Gott die Wesens-Eindeutigkeit in den Metaphern von «Licht» und «Liebe» ausgesagt werden. Damit ist allen «Gottestheorien» die Grundlage entzogen, die in Gottes Wesen einen Unterschied zwischen seiner (durch die Offenbarung in Jesus Christus) offen zutage liegenden Liebe und verborgenen, möglicherweise unheilvollen Wesensanteilen ausmachen wollen. Von einer solchen Gespaltenheit in Gott selbst kann keine Rede sein, wenn man ernst nimmt, dass Gott in seiner ganzen Wesenstiefe an seiner Zuwendung zu den Menschen in Jesus Christus klar «erkennbar» geworden ist.

Von Gottes *Macht* kann dann christlich eindeutig nur so die Rede sein, dass sie als Macht seiner *Liebe* entfaltet wird. Der 1. Johannesbrief gibt uns dazu einige entscheidende Hinweise. Gott ist in seiner Liebe zur «Welt» derjenige, der die *Initiative* ergreift: Seine Liebe macht unsere Liebe erst möglich («Wir lieben, weil er uns als erster geliebt hat» 1Joh 4,19). Gott ist damit aber auch der auf eine bejahende Antwort *Angewiesene*. Wer seine Liebe erklärt, ergreift die Initiative, macht sich aber auch von der Einstimmung der bzw. des Geliebten in das Liebesverhältnis abhängig. Erst damit, dass sich Menschen vertrauend auf die Lebensgemeinschaft mit Gott einlassen, ist Gottes Liebe an ihr Ziel gelangt: «Wenn wir einander lieben, bleibt Gott in uns, und seine Liebe ist in uns vollendet» (1Joh 4,12).

Gott, als der uranfänglich, ganz und gar Liebende verstanden, lässt jedem Menschen die Möglichkeit, sich auf seine aus Liebe geschehene Lebensmitteilung einzulassen oder sich ihr zu verschliessen – selbst auf die Gefahr hin, dass Menschen sich dann möglichweise in Begierden verstricken, sich in lebenszerstörende Abhängigkeiten begeben und damit das wahre Leben verfehlen. Zur Bewegung der Liebe gehört die selbstbegrenzende Gewährung von Freiheit, das Risiko des Missbrauchs eingeschlossen. Wenn in der damit angezeigten Richtung über Gottes Macht der

Liebe weitergedacht wird, stellt sich die Frage, ob es nicht missverständlich oder gar irreführend ist, von Gottes «Allmacht» zu sprechen. Klingt dieses Gottesattribut (noch dazu an prominenter Stelle im Apostolischen Glaubensbekenntnis vertreten) nicht sehr danach, dass die Macht der Liebe als ungenügend empfunden wird? Wer aber meint, Gott eine scheinbar stärkere Wirkungsmacht zusprechen zu müssen (und dies evtl. damit begründet, dass Gott für seine Liebesmacht doch schliesslich auch die nötige Durchsetzungskraft brauche), verfehlt grundsätzlich die Wirkungsweise der Liebe. Dies läuft im Grunde auf eine lieblose, zutiefst unchristliche Gottesvorstellung hinaus. Die Gottesmetaphern des 1. Johannesbriefs wirken hier klärend und befreiend, sie eröffnen den Horizont eines grundlegend neuen Verständnisses von Gottes Wirkungsmacht.

Dazu kommt, dass im 1. Johannesbrief ein schönes, «sprechendes» Bild für die Lebensgemeinschaft mit Gott in der Liebe gefunden worden ist: das Bild vom Bleiben Gottes in uns und unserem Bleiben in Gott. Das Leben in der unheilvollen Sündensphäre wird durch die «Glaubens-Wendung» abgelöst vom befreiten Leben in der Machtsphäre Gottes, dem Behütet- und Durchdrungensein von der Macht seiner Liebe. Darin ist eine Erfahrung «abgebildet», die wohl aus Meditation und Gebet erwachsen ist und immer neu daraus erwachsen kann. Die Gottesgemeinschaft, so eindringlich-meditativ sie beschrieben wird, ist nun aber kein privates Verhältnis einer einzelnen «schönen Seele» zu ihrem unsichtbaren Freund, sondern ist untrennbar verbunden mit der Hinführung zur Gemeinschaft der Glaubenden, in der die «Geschwister» einander in der Liebe – nicht nur der Gesinnung oder der Worte, sondern des konkreten Einsatzes füreinander – zugewandt sind. Erst in dieser gemeinschaftlich-konkreten *agape* kommt Gottes Liebe an ihr Ziel! Und so kann auch nicht der Glaube als innere Überzeugung von den daraus sich als Folgerung ergebenden Taten der Liebe getrennt werden. Die Erfahrung Gottes als Licht (des Lebens) und Liebe können wir Menschen nur dergestalt machen, dass wir, im Glauben für Gottes Liebe «aufgeschlossen», «in» dieser Liebe und damit «in Gott», eben damit aber auch miteinander in der Glaubens- und Liebesgemeinschaft der «Kinder Gottes» das wahre und bleibende Leben finden.

Die Wesensbeschreibung Gottes mit den Metaphern «Licht» und «Liebe», verbunden mit der betonten Ablehnung jeglicher «Finsternis» in Gott, ruft nun allerdings die Frage hervor, woher dann das Unheil, das Böse stammt. Die mehrfachen, aber nicht systematischen Ausführungen über «den Bösen» im 1. Johannesbrief lassen sich am sinnvollsten verstehen als Ansätze einer Deutung der Wirklichkeit, die von der Wahrnehmung Gottes als «Licht» und «Liebe» ausgeht, andererseits aber auch die Erfahrungen mit der Macht des Bösen in der Welt verarbeiten will. Für eine heutige Weiterführung dieser Ansätze wäre auf jeden Fall die Einsicht festzuhalten, dass die Macht des Bösen weder ursprünglich noch endgültig ist. Anstelle seiner Rückführung auf eine mythische Ursprungsgestalt wird man vom Bösen die nicht erklärenden, sondern das im Grunde Unerklärliche einfach nur feststellenden Worte gelten lassen müssen: «aus den Herzen der Menschen allein steigt es auf und gewinnt es Macht in der Welt» (Jonas, 43). Oder wie es im Prolog des Johannesevangeliums (gleichfalls ohne den Versuch einer Erklärung) heisst: «Und das Licht scheint in der Finsternis, und die Finsternis hat es nicht erfasst» (Joh 1,5).

Gott hat sein wahres, bleibendes Leben durch *Jesus* mitgeteilt: In *ihm* ist das Leben erschienen. Durch die vertrauensvolle Anerkennung seines Anspruchs, der Lebensbringer von Gott her zu sein, können die Menschen zur Lebensgemeinschaft mit Gott gelangen. Der 1. Johannesbrief stellt uns Jesus als Lebensbringer in Wort und Tat nicht *erzählerisch* vor Augen. Das geschieht im Johannesevangelium, während im 1. Johannesbrief von Jesus überwiegend in der Form überlieferter Glaubenssätze gesprochen wird. Das bringt der besondere Charakter des Schreibens mit sich, denn es zielt ja darauf ab, dass die Adressaten Jesu Wirksamkeit – die ihnen aus der Darstellung des Evangeliums bzw. dessen Vorstufe(n) und natürlich aus Taufvorbereitung und gottesdienstlicher Verkündigung bekannt war – in ihrer genauen und vollen Bedeutung verstehen.

In Übereinstimmung mit den Traditionen der johanneischen Schule möchte der Autor denkerisch sicherstellen, dass es sich bei allem, was Jesus gesagt und getan hat, keineswegs nur um ein historisch zufälliges Geschehen handelt. Denn darin wäre ja die *grundsätzliche* Zuwendung Gottes zu den Menschen und damit sein Wesen gar nicht erkennbar und somit auch die gültige Übermittlung der *zoe* nicht möglich gewesen. In der Denkweise der johanneischen Schule ist es dafür notwendig, dass Jesu Sein «in Gott» vom Ursprung her sichergestellt ist. Darum wird die göttliche Würde Jesu in den Glaubensformeln vom «Sohn Gottes» zum Ausdruck gebracht, der vom Vater «gesandt» worden ist, um der Welt das Leben mitzuteilen. Es wurde schon darauf hingewiesen, dass der Redeweise von der «Sendung» des «Sohnes» durch den «Vater» die Vorstellung von der vorweltlichen Existenz des «Sohnes» zugrunde liegt, die besonders im Prolog des Johannesevangeliums ausgeführt ist. Die Vorstellung von einem bei Gott uranfänglich existenten «Wort», die auch im Prolog des 1. Johannesbriefs mit dem Ausdruck «Wort des Lebens» anklingt, wirkt sicher zunächst befremdlich. Wäre es aber nicht denkbar, in diesem Sinne heute von Gottes *Intention*, von seiner Gedankenrichtung auf die Mitteilung wahren Lebens hin zu sprechen, die nicht nur unbestimmt-vage, sondern worthaft-vorgebildet schon immer bei ihm lebendig war, in der Schöpfung wirksam wurde und schliesslich im Menschen Jesus aus Nazaret «Fleisch und Blut» angenommen hat? Dem Briefautor kommt es darauf an, seine Adressaten in der Glaubensüberzeugung zu festigen, dass ein bestimmter Mensch, nämlich eben Jesus, der von Gott gesandte «Sohn» sei und dass seine Vermittlung des ewigen Lebens (der *zoe*) in Gottes Auftrag entscheidend durch die Hingabe seines irdischen Lebens (der *psyche*) bewirkt worden sei.

Die Worte von der Lebenshingabe Jesu, von der Reinigung von den Sünden durch Jesu Blut, die Bezeichnung Jesu als «Sühne für unsere Sünden» und die Sünden der ganzen Welt – alle diese im Brief als Metaphern für unseren «Lebensgewinn» durch Jesu Tod gebrauchten Ausdrücke haben eine bestimmte Vorstellung zum Hintergrund, die antikes Allgemeingut war, in der hier vorfindlichen Ausprägung aber aus dem Jerusalemer Tempelkult stammt: Es sei eine von Gott dem Menschen gewährte Möglichkeit, die durch die Macht der Sünde gestörte Lebensordnung durch die Hingabe von Leben im Rahmen einer Opferhandlung wiederherzustellen. Auch wenn der Brief etwa drei Jahrzehnte nach der Zerstörung des Jerusalemer Tempels durch die Römer geschrieben worden ist, konnte der Autor bei den Adressaten natürlich die Vertrautheit mit den Opferhandlungen im Tempel voraussetzen. Auf diesem Hintergrund macht er ihnen begreiflich, dass Jesus durch sein am Kreuz vergossenes Blut die «Reinigung» von den Sünden vollbracht, also die grundlegende Störung der göttlichen Lebensordnung beseitigt und so den Zugang zum wahren und bleibenden Leben erschlossen habe. Dazu habe ihn Gott gesandt und sich darin als Gott erwiesen, der in seinem Wesen Liebe ist.

Unsere Möglichkeiten, diese Vorstellungen nachzuvollziehen, sind darauf beschränkt, dass wir uns aufgrund des Studiums der schriftlichen Quellen in das von kultischen Sühneritualen geprägte antike Denken hineinversetzen und von da aus auch die Verwendung von Metaphern aus diesem Bereich in einer antiken Schrift wie dem 1. Johannesbrief verstehen. Die damalige Plausibilität einer Heilung der gestörten Lebensordnung durch sühnende Lebenshingabe ist für uns heute allerdings durch keine Interpretationsbemühung wiederherstellbar. Zwar gilt uns bis heute die freiwillige Lebenshingabe zur Rettung des Lebens anderer als höchster Ausdruck des Einsatzes füreinander. Aber die Vorstellung, eine Entsühnung als Wiederherstellung der ungestörten Lebensbeziehung zwischen Gott und den Menschen sei vermittels der stellvertretenden Lebenshingabe eines dafür geeigneten makellosen Opfers möglich, ist grundlegend davon unterschieden. Wohl ist nachvollziehbar, dass uns durch die Macht der Sünde der Zugang zum wahren Leben versperrt ist. Die Befreiung aus dieser Abhängigkeit und die Öffnung des Zugangs zur Lebensgemeinschaft mit Gott durch Jesus ist aber nicht mehr von seinem als Sühneleistung aufgefassten Kreuzestod her zu begreifen.

Um dem Anliegen des 1. Johannesbriefs jenseits von Sühnekategorien gerecht zu werden, muss man den Tod Jesu *im Zusammenhang seines Lebens* sehen und versuchen, Jesus in seiner *gesamten* Wirksamkeit bis hin zum Tod am Kreuz als Gottes Lebensbringer zu verstehen. Der Tod Jesu soll also ganz im Sinne des 1. Johannesbriefs in seine lebensvermittelnde Wirksamkeit einbezogen bleiben, kann nur nicht mehr, wie es dort geschieht, mit Hilfe der Sühnopfervorstellung gedeutet werden.

Dazu kann die Darstellung der Fusswaschung Jesu im Johannesevangelium (Joh 13,1–20) eine Hilfe sein. Mit ihr wird der zweite Hauptteil des Evangeliums eröffnet. Darin geht es, bevor der Leidensweg Jesu erzählt und das Werk mit der Interpretation der Ostergeschehnisse beschlossen wird, um das tiefere Verständnis des bevorstehenden Abschieds Jesu von der zu ihm gehörigen Jüngergemeinschaft. Wie für das Johannesevangelium typisch, ist bei der Darstellung des Verhältnisses Jesu zu seinen Jüngern zugleich auch die jeweils gegenwärtige Gemeinschaft der Hörenden und Lesenden des Evangeliums mit im Blick. Im Abschnitt über die Fusswaschung, die Jesus an seinen Jüngern vollzieht, sind zwei unterschiedliche, aber einander auch ergänzende Interpretationen dieser Zeichenhandlung miteinander verbunden. Die einleitenden Verse (Joh 13,1–3) stellen die Fusswaschung in den Zusammenhang der «Lebensbewegung» Jesu von Gott her und zu ihm zurück und betonen die Zusammengehörigkeit seines Erdenweges vor der Passion mit dem bevorstehenden Weg in den Tod am Kreuz.

Zunächst wird dann geschildert, wie Jesus während der Mahlzeit mit den Jüngern aufsteht und ihnen nacheinander die Füsse wäscht, so wie es als Zeichen der Ehrung und der Liebe gebräuchlich war (Joh 13,4–5). Das Befremden darüber, dass Jesus diese Handlung, die man nur von den im Rang niedriger Gestellten erwartete, selbst ausführt, drückt Petrus als Sprecher der Jünger aus. Er weigert sich zweimal, sich von Jesus die Füsse waschen zu lassen. Im Gespräch mit Petrus macht Jesus ihm zunächst klar, dass er den Sinn dieses Tuns erst «danach» verstehen wird – also erst nach Jesu Tod am Kreuz und dem Neuerweis des Lebens im

Auferstehungsgeschehen, gleichsam im Osterlicht. Der erneuten Weigerung des Petrus begegnet Jesus mit dem Hinweis, dass er dann auch keinen Anteil an ihm habe. Dies ins Positive gewendet heisst ja: Wer den Dienst, den Jesus ihm tut, annimmt, hat damit teil an Jesus. Dieses «Teilhaben» kann als Kurzformel für die Zuwendung des wahren, ewigen Lebens verstanden werden, das Jesus von Gott her «in sich selbst» hat (so die Formulierung in Joh 5,26) und den Menschen bringt. Als Petrus daraufhin in Umkehrung seiner bisherigen Haltung auch noch den Kopf und die Hände gewaschen haben will (nun also einen recht grossen Anteil an Jesus haben möchte), erhält er die Antwort, dass der (durch die Fusswaschung) «Gebadete» keine weitere Waschung nötig hat, sondern «ganz rein» ist. Damit ist aber keine Reinheit im kultischen Sinne gemeint, die durch ein Sühneritual zu erwerben wäre. Reinheit ist hier bildlich als durch die Öffnung für Jesu Botschaft, die Aufnahme seines Lebenswortes «erworben» gedacht. Das macht ein Jesuswort an die Jünger zwei Kapitel später deutlich: «Ihr seid schon rein um des Wortes willen, das ich euch gesagt habe» (Joh 15,3).

Zu der im Gespräch mit Petrus (Joh 13,6–10) gegebenen Deutung tritt in den folgenden Versen (Joh 13,12–17) eine weitere Erklärung. Hier wird die Fusswaschung als Vorbild (im Sinne eines Urbildes) gedeutet, das Jesus als «Herr und Lehrer» einmal beispielhaft ausgeführt hat, damit es von den Jüngern in ihre Lebenspraxis übernommen wird. Wenn Jesus sagt, dass die Jünger einander die Füsse waschen sollen (Joh 13,14), dann bleibt er mit seiner Aufforderung innerhalb der symbolischen Handlung. Aber die Einleitung (die sowohl als Einleitung der Fusswaschungs-Szene wie auch des zweiten, zum Kreuzestod hinführenden Hauptteils gelesen werden kann) macht klar: Es geht in der

Fusswaschung um die Darstellung der Liebe Jesu zu den Seinen, und diese seine Liebe befähigt die zu ihm Gehörigen zur gegenseitigen Liebe. Der entscheidende Satz in der Einleitung ist: «Er liebte die Seinen in der Welt und hat sie bis zur Vollendung geliebt» (Joh 13,1).

Von daher erhalten die beiden im Verlauf der Erzählung gegebenen Deutungen der Fusswaschung einen einheitlichen Sinn: Jesus bekräftigt und klärt zugleich seine Autorität als die Autorität des Dienenden. Er gibt denen, die seinen Dienst annehmen, Anteil an dem Leben aus Gottes Fülle, dessen Vermittlung seine Aufgabe ist. Die Signatur dieses Lebens ist die dienende, sich für andere einsetzende Liebe, wie sie in der Jüngergemeinschaft (und dementsprechend in der christlichen Gemeinde) gelebt werden soll. Die Eröffnung des Lebens in Gottes Liebe und damit in der Gemeinschaft mit Gott, die durch den Anschluss an Jesus möglich wird, befreit aus der Bindung an die Sündenmacht und an die von der Sünde beherrschte «Welt», «reinigt» in einem nicht-kultischen Sinn. Indem Jesus die Liebe zu den Seinen bis zum Tod am Kreuz durchhält, vollendet er seinen Dienst für sie. Entsprechend wird Jesu letztes Wort am Kreuz lauten: «Es ist vollbracht» (griechisch *tetelestai*, Joh 19,30).

Hier wird also dem Kreuzestod Jesu nicht noch einmal für sich genommen eine Heilsbedeutung (als Sühnopfer o. ä.) zugesprochen, sondern der Tod Jesu am Kreuz wird als Vollendung seines Erdenlebens gesehen, das der Vermittlung des von der hingebenden Liebe geprägten wahren und ewigen Lebens diente. Dieser von der Bindung an die Sünde erlösende und zur Gemeinschaft mit Gott befreiende Dienst Jesu wird durch die Fusswaschung an der Schnittstelle von aktiver irdischer Wirksamkeit und Leidensweg symbolisch dargestellt.

Nach der Hingabe seines irdisch-physischen Lebens kehrt Jesus in das Leben bei Gott zurück, aus dem er in die irdische Existenz gesandt worden war. Bis zu seiner Parusie wirkt er bei Gott als Fürsprecher (Paraklet) der Christinnen und Christen. Vom Leitwort «Leben» her (und unter der Voraussetzung seiner Präexistenz) wird Jesus im 1. Johannesbrief als der zu Gott Zurückgekehrte, bei ihm Lebende verstanden. Dahinter tritt, anders als im Johannesevangelium, die Rede von der Auferstehung bzw. Auferweckung Jesu so vollständig zurück, dass im gesamten Brief diese Worte überhaupt nicht vorkommen. Dieser Befund kann anregen, darüber nachzudenken, ob nicht die Auslegung des Ostergeschehens als Einkehr bzw. Rückkehr Jesu in das Leben bei Gott das Missverständnis einer physischen Wiederbelebung klarer ausschliessen würde als die Verwendung des Auferstehungs- oder Auferweckungs-Vokabulars.

Die Verkündigung des ewigen Lebens, das bei Gott dem Vater war und in Jesus Christus erschienen ist, führt dazu, dass *Gemeinschaft* in einem neuen, umfassenden Sinn entsteht. Im Prolog des 1. Johannesbriefs wird das bereits so geschildert und diese Gemeinschaft in doppelter Blickrichtung beschrieben: als Gemeinschaft «mit dem Vater und mit seinem Sohn Jesus Christus» sowie als Gemeinschaft derer, die das Lebenswort weitergeben, mit denen, die davon erreicht und bewegt worden sind. Miteinander leben sie als von Gottes Liebe inspirierte «Gemeinschaft der Kinder Gottes». Dieses Gemeinschaftsmodell wirkt anregend auf heutiges Nachdenken über Bestimmung und Gestalt der Kirche, ruft aber auch kritische Bedenken hervor.

Imponierend wirkt die in der Metapher von der Gotteskindschaft ausgedrückte Überzeugung von der grundsätzlichen *Gleichgestelltheit* und *Gleichberechtigung* aller getauften Gemeindemitglieder. Sie zeigt sich darin, dass es in den johanneischen Gemeinden offensichtlich keine Leitungsämter gegeben hat, die auf einen Auftrag Jesu zurückgeführt worden wären (wie es in anderen Ausprägungen des Urchristentums etwa bei den Aposteln der Fall war).

Eine einzige generationenübergreifende Institution der johanneischen Gemeinden wird wenigstens in Umrissen erkennbar: die «johanneische Schule» als Kreis der Bewahrer und Weitervermittler der auf die Augenzeugen zurückgehenden Glaubensüberlieferung. Bei den Aktivitäten dieses Kreises ging es allerdings nicht darum, die Überlieferung lediglich zu *konservieren*. Die Unterschiede zwischen Johannesevangelium und -briefen, aber auch die im Evangelium selbst sichtbaren Änderungen und Ergänzungen zeigen: Offensichtlich ergaben sich aufgrund von Diskussionen innerhalb der «johanneischen Schule» neue Verstehensweisen und Auslegungen der überlieferten Texte. Dass durch die Existenz der «Schule» die grundsätzliche Gleichberechtigung aller Gemeindeangehörigen nicht infrage gestellt wurde, wird besonders im 2. Kapitel des 1. Johannesbriefs deutlich: Der im Namen der «Schule» schreibende (und dabei durchaus als Autorität auftretende) Verfasser versucht geradezu ängstlich den Eindruck zu vermeiden, er wolle die Adressaten belehren und ihnen damit die Kompetenz in Glaubensdingen bestreiten. Er nimmt lediglich für sich in Anspruch, die Gemeindemitglieder zum Festbleiben in den Überzeugungen anzuhalten, die sie als vom Geist/*chrisma* Gelehrte längst gewonnen haben. Dieses Vorgehen belegt den hohen Stellenwert, den die mit der «Salbung» durch den Geist Gottes verbundene Taufe für die Herausbildung des Bewusstseins eigener Urteilskraft in Glaubenssachen hatte. Wir müssen uns dazu natürlich klarmachen, dass sich diese Wirkung nicht etwa durch den blossen Vollzug des Tauf-*Ritus* ergeben hat, sondern dass vor der Taufe in den gottesdienstlichen Versammlungen und in der Vorbereitung der Taufbewerber all die Bekenntnissätze und Überlieferungen eingeprägt worden sind, die im 1. Johannesbrief erinnernd zitiert werden.

Mit fortschreitendem Abstand zum Ursprungsgeschehen mussten Bewahrung und Aktualisierung der Überlieferungen und damit auch die Personen, die dies verantworteten, an Bedeutung gewinnen. Das war bei der noch im 1. Johannesbrief vorherrschenden Kurzzeitperspektive bis zum Weltende nicht absehbar. Aber auch wenn eine solche Entwicklung zugestanden wird: Könnte es nicht dennoch ein Modell für die zukünftige Gestalt der Kirche sein, dass locker miteinander verbundene Gemeinden sich gemeinsam auf die Glaubensüberlieferung beziehen, für deren Bewahren, Durchdenken und Aktualisieren dann allerdings dafür ausgebildete und insbesondere auch zum Gespräch mit den Gemeindemitgliedern befähigte Theologinnen und Theologen zuständig wären? Sollte nicht im johanneischen Sinn auf eine hierarchielose, institutionell auf die bewahrende und aktualisierende Weitergabe der Glaubensbotschaft konzentrierte Kirche hingearbeitet werden? In einer solchen Kirche wäre die (Erwachsenen-)Taufe wieder die Basis für das gleichberechtigte Mitreden und -entscheiden aller Gemeindemitglieder in Glaubensdingen, so wie es im 1. Johannesbrief vorausgesetzt wird.

Zur konkreten (und für ihre Wirksamkeit entscheidenden) *Gestalt* der Gemeinden ist die *Familienmetaphorik* im 1. Johannesbrief zu beachten. Sie legt nahe, dass es sich bei den johanneischen Gemeinden tatsächlich um überschaubare «Hauskreise» gehandelt hat. In solchen Strukturen (und eigentlich nur in ihnen) kann die geschwisterliche Liebe nicht nur gepredigt, sondern auch im konkreten Dasein füreinander gelebt werden. Solche familiären Kleingemeinden, die gewiss auch auf ihre Umgebung «ausstrahlen», dürften für die Zukunft der Kirche entscheidender sein als Massenerlebnisse garantierende Megakirchen, deren kurzzeitige mediale Wirkungen nicht mit nachhaltiger Wirksamkeit im Sinne der Weitergabe des «Lebenswortes» verwechselt werden sollten. Innerhalb der Familienmetaphorik will die mehrfach wiederholte Formulierung, die getauften Christinnen und Christen seien von Gott «gezeugt», deutlich machen, dass in der Taufe ein neues Leben aus Gottes schöpferischer Liebe begonnen hat. Das Bildwort von der «Zeugung» der Gotteskinder durch Gott «passt», so gewöhnungsbedürftig es für unser Empfinden ist, durchaus zur Hauptthematik des Briefs: der Vergewisserung der Adressaten, durch den Anschluss an Jesus im Besitz des wahren und ewigen Lebens aus Gottes Liebe zu sein. Andererseits ist das Bildwort auch in unheilvoller Weise ausdeutbar: Es kann daraus gefolgert werden, dass die Zugehörigkeit zur «Gemeinschaft der Kinder Gottes» bereits von Ewigkeit her durch Gott festgelegt worden ist – mit der Konsequenz, dass die von Gott «Gezeugten» eben deshalb für sündlos erklärt und die nicht zur Gemeinschaft Gehörenden (oder aus ihr Ausgeschiedenen) als «Kinder des Teufels» gebrandmarkt werden. Gegen solche Tendenzen, wie sie leider in einigen Passagen des Briefs sichtbar werden, muss im Sinne der Leitargumentation des 1. Johannesbriefs festgehalten werden: Es war ja Gottes Gedanke der Liebe, den «Sohn» zu senden, um das wahre und bleibende Leben grundsätzlich *allen*, der *ganzen Welt* zugänglich zu machen.

Für unsere heutige Situation ist in diesem Zusammenhang zu beachten, dass im Lauf einer zweitausendjährigen Wirkungsgeschichte christliche Grundüberzeugungen in den Fundus lebensorientierender Wertvorstellungen der Menschheit eingegangen sind und zusammen mit ähnlichen Überzeugungen aus anderen religiösen Quellen die Lebenseinstellung auch vieler nicht einer christlichen Kirche angehörender Menschen prägen. Von daher verbietet sich die unreflektierte Übernahme einer Sicht, die nur die Alternative zwischen der Zugehörigkeit zur «Gemeinschaft der Kinder Gottes» und dem Gefangensein unter der Macht der Sünde kennt. Diese Tendenz zur Abkapselung der wahren und von Gott vorherbestimmten Gotteskinder von der nur noch negativ gesehenen «Welt» hängt eben mit der fatalen Zeugungsmetapher zusammen.

Die Liebe Gottes, an Jesus, dem «Sohn», erfahrbar geworden, erweckt in den davon Berührten die Liebe zueinander in der Gemeinschaft der Kinder Gottes, und darin zeigt sich die Liebe zu Gott und kommt Gottes Liebe an ihr Ziel: Das ist eine Vorstellung von imponierender Klarheit und innerer Geschlossenheit. Darin fehlt jedoch die zur Liebe gehörende *Ausstrahlung* auf die Menschen jenseits der Gemeinschaft der bereits in Liebe miteinander und mit Gott Verbundenen. Gerade diese zu den Aussenstehenden ausstrahlende Liebe ist aber von Jesus verkündigt und gelebt worden. Das johanneische Konzept des von Gott in Gang gesetzten gegenseitigen Ineinanders in der *agape* von Gott und der Gemeinschaft der von seiner Liebe bewegten Menschen kann und muss ergänzt werden um die Komponente der Ausstrahlung hingebender Liebe auf die Aussenstehenden bis hin zu den Feinden.

Landläufiger Meinung zufolge geht es in den Religionen vor allem um das Leben im *Jenseits*. In der Tat ist das Urchristentum von einer starken endzeitlichen Erwartung bestimmt. Auch im 1. Johannesbrief sind Elemente dieser Erwartung enthalten:

Obwohl Christinnen und Christen schon im Lichtschein des neuen Lebens unterwegs sind, ist die erlebte Gegenwart doch auch noch von Finsternis geprägt. Diese ist nun aber im Vergehen begriffen und wird endgültig dem Licht weichen, wenn die Glaubenden nach der baldigen Ankunft (Parusie) Christi und dem damit verbundenen Gerichtstag (den sie nicht fürchten müssen) in die Seinsweise der Gottschauenden jenseits der Zeit eintreten werden. Als Anzeichen für den Anbruch der «letzten Stunde» wird das Auftreten der «Antichristen» und «Lügenpropheten» gewertet, welche die Gemeinde kurz vor dem Ende in Verwirrung bringen wollen. Ihnen gilt es standzuhalten, um das wahre Leben nicht zu verlieren, das den Christinnen und Christen jetzt schon gegeben ist. Dieses «jetzt schon» ist nun allerdings der *entscheidende* Akzent johanneisch-christlichen Glaubens, der auch im 1. Johannesbrief zu erkennen ist. Die in weiten Teilen der urchristlichen Literatur übliche Ankündigung kosmischer und politischer Katastrophen auf der Wegstrecke bis zum Weltende entfällt – wie auch im Johannesevangelium – ganz. Das Endgericht wird in seinen Voraussetzungen (Auferstehung aller Toten) und einzelnen Akten (Aufstellung der Völker vor dem Weltenrichter, Scheidung der Gerechten von den Verfluchten usw.) nicht eigens geschildert. Vielmehr ist eine andere Perspektive bestimmend: Das wahre und bleibende Leben ist denen, die sich im Glauben an Jesus anschliessen, damit bereits voll und ganz übereignet. Die Glaubenden leben schon in der Agape-Gemeinschaft mit Gott und miteinander. Der Übertritt vom Tod zum Leben ist bereits erfolgt. Dieser Sichtweise entsprechend werden dem Endgericht zugehörige Aussagen auf die «innere Gerichtssituation» des Menschen übertragen. Es ist nun die Auseinandersetzung mit dem Gewissen, in die Gott beruhigend eingreift.

Auch wenn die Lebensgemeinschaft mit Gott in ihrer Fülle bereits gegenwärtig besteht, so ist mit dem Leben der Christinnen und Christen in der «Welt» doch auch immer noch die Gefahr der Verstrickung in Gleichgültigkeit, Hass und Begierden verbunden. In den daraus entstehenden inneren Konflikten bleiben die Glaubenden aber in Gott geborgen und können darauf vertrauen, «dass Gott grösser ist als unser Herz» (1Joh 3,20). Überhaupt ist das Leben «in Gott» und Gottes Anwesenheit «in uns» ja eine Gemeinschaft der *Liebe*, deren Wesen es widersprechen würde, wenn vonseiten des Menschen Furcht vor Strafe im Endgericht das Motiv wäre, Gemeinschaft mit Gott zu suchen. Mit bewundernswerter Klarheit ist im 1. Johannesbrief gesehen, dass die Liebe die Furcht ausschliesst, weil Furcht immer den Gedanken an Strafe im Gericht mit sich trägt, der durch Gottes zuvorkommende Liebe für die Glaubenden ein unmöglicher Gedanke geworden ist.

Im Grunde ist hier schon im Voraus ein Vorwurf entkräftet, den dann Friedrich Nietzsche gegen den christlichen Gott erhoben hat: «Wer ihn als einen Gott der Liebe preist, denkt nicht hoch genug von der Liebe selber. Wollte dieser Gott nicht auch Richter sein? Aber der Liebende liebt jenseits von Lohn und Vergeltung» (Nietzsche, 261). Die Unmöglichkeit einer Verbindung von liebendem und richtendem Gott, die Nietzsche hier feststellt, ist schon im 1. Johannesbrief thematisiert. Obwohl an der Erwartung eines Gerichtstages noch festgehalten wird, ist gleichsam von innen, nämlich vom Bewusstsein der innersten Gemeinschaft in der Liebe her, in der Gott sich mit den Menschen verbunden hat, die Vorstellung vom Endgericht im Grunde aufgelöst.

Konsequent erscheint diese im Urchristentum einzigartige Sicht im Johannesevangelium, besonders klar im 5. Kapitel innerhalb einer längeren Rede Jesu, in der er die Einheit seines Wirkens mit Gott, dem Vater, und die ihm von Gott übertragene Vollmacht zur Vermittlung der *zoe* betont. Dort heisst es:

> «Amen, amen, ich sage euch: Wer mein Wort hört und glaubt dem, der mich gesandt hat, hat das ewige Leben und kommt nicht in das Gericht, sondern er ist aus dem Tod ins Leben hinübergegangen. Amen, amen, ich sage euch: Es kommt die Stunde und sie ist jetzt da, in der die Toten die Stimme des Sohnes Gottes hören werden, und die gehört haben, werden leben» (Joh 5,24f.).

Hier wird die Verkündigung Jesu so wiedergegeben, dass in der Begegnung mit seinem Lebenswort sich Gewinn und Verlust des ewigen Lebens entscheiden. Wer Jesu Worte glaubend aufnimmt, ist damit vom Tod zum Leben hinübergeschritten.

Diese Formulierung kennen wir aus dem 1. Johannesbrief (1Joh 3,14.) Es handelt sich dabei also wohl um einen festgeprägten Bestandteil der Verkündigung in den johanneischen Gemeinden. Die in der herkömmlichen urchristlichen Sichtweise für die nahe oder fernere Zukunft erwartete Stunde, in der die Toten die Stimme des (wiederkehrenden und zur Auferstehung rufenden) Gottessohnes hören werden, wird durch den Zusatz «und jetzt ist sie da» zur jetzt sich ereignenden Stunde erklärt. Dieses Jetzt ist sowohl das im Evangelium geschilderte (vergangene) Jetzt der Begegnung Jesu mit den Menschen als auch jedes gegenwärtige und zukünftige Jetzt der geistgeleiteten Begegnung mit Jesu Wort beim Lesen oder Hören des Evangeliums. Damit ist den Worten der herkömmlichen Zukunftshoffnung eine neue Bedeutung gegeben: Die «Toten» (Joh 5,25) sind zunächst alle Menschen ohne das Leben, das von Jesus ausgeht. Wer dann aber Jesu Worte glaubend hört, wer also in ihm den Sohn Gottes wahrnimmt und seine Worte als Zugang zum Leben mit Gott aufnimmt, ist bereits in der Gegenwart vom Tod zum Leben hinübergelangt.

Das hier gewonnene neue Verständnis der lebensverbreitenden Wirkung Jesu Christi durch sein gegenwärtiges Wort ist im Zuge der Bearbeitung des Johannesevangeliums durch den Herausgeberkreis aus der «johanneischen Schule» mit den auch im johanneischen Christentum bekannten Traditionen endzeitlicher Erwartung vermittelt und damit in gewisser Weise «entschärft» worden: In Johannes 5,28f. findet sich eine erkennbar hinzugefügte Passage über die künftige Auferstehung zum Leben bzw. zum Strafgericht in traditioneller Terminologie. Andererseits sind die Verse, in denen die Erfüllung zukünftiger Jenseitshoffnung bereits ins diesseitige Leben verlegt wird, nicht getilgt worden. Sie sind zusammen mit den bereits besprochenen Stellen aus dem 1. Johannesbrief bemerkenswerte Zeugnisse einer Neuausrichtung der ursprünglichen christlichen Zukunfts- und Jenseitshoffnung.

Diesen «johanneischen Impuls» nimmt man weiterdenkend am besten auf, indem man konsequent von der im Glauben *gegenwärtig* möglichen Lebensgemeinschaft mit Gott und den Menschen ausgeht. Der entscheidende Überschritt zur Ewigkeit darf dann mitten im diesseitigen Leben erwartet werden, nämlich im Sein und Bleiben in der Liebe Gottes, die ein für allemal durch Jesus Christus vermittelt worden ist. Dieses für alle Zeiten gültige Vermittlungsgeschehen wird in jedem inneren Getroffensein von Jesu Wort aktualisiert. Dass die Gemeinschaft des wahren und ewigen Lebens in der Liebe, die uns mit Gott verbindet, sich jenseits des physischen Lebens vollendet – darauf kann man im johanneischen Sinne die christliche Hoffnung über den Tod hinaus konzentriert sehen.

Mit einer Grundaussage des 1. Johannesbriefs und zugleich gegen eine im Brief dann leider spürbare Tendenz lässt sich feststellen: Wenn Christus von Gott gesandt worden ist, um die Welt zu *retten*, und wenn der Welt viel mehr Zeit eingeräumt ist als um 100 nach Christi Geburt gedacht, dann ist sie nicht nur negativ als Inbegriff all dessen zu sehen, was einen vom wahren Leben abbringen kann. Dann kann sie vielmehr als unser Lebensort in Gottes Schöpfung wahrgenommen werden, und das durch Christus ermöglichte Sein in der Liebe Gottes kann als Impuls wirken, der Kraft der Liebe gegen alle Lebensgefährdung und Lebensverachtung in der Welt zu vertrauen.

An den Schluss dieser Überlegungen sei deshalb ein Hauptsatz aus dem 1. Johannesbrief (1Joh 2,8) gestellt, der im Gang durch die Zeit ein johanneisch inspiriertes Lebensgefühl vermitteln kann – nun nicht mehr verstanden als auf eine nahende «letzte Weltstunde» hindeutend, sondern als Ansage für alle Zeiten aufgefasst, so wahr die Dunkelheit, die Menschen bedroht, kein Zukunftspotenzial in sich hat und durch den Lebensbringer Jesus Christus für immer unter das Zeichen des Vergehens gestellt ist:

«Die Finsternis vergeht, und das wahre Licht scheint jetzt.»

Literatur

Besonders empfohlene Literatur

Wer sich nun im 1. Johannesbrief «festgelesen» hat und ihn deshalb noch ausführlicher und tiefgehender verstehen will, steht in diesem wie auch im Fall aller anderen biblischen Schriften vor einem Problem: Die umfangreichen wissenschaftlichen Kommentare setzen die Kenntnis der Originalsprachen voraus, im Fall des 1. Johannesbriefs also des Altgriechischen. Wer diese Vorbedingung erfüllt, sei auf folgenden Kommentar hingewiesen:

Klauck, Hans-Josef, Der erste Johannesbrief (Evangelisch-Katholischer Kommentar zum Neuen Testament, Bd. XXIII/1), Zürich/Braunschweig 1991.

Der Kommentar bietet eine aufgrund genauer Textanalysen und sorgfältiger Beachtung des Gedankengangs stets nachvollziehbare Auslegung. Dabei wird mit abgewogenen Urteilen die Auseinandersetzung mit anderen in der Forschung vertretenen Thesen geführt. Als gewichtige Ergänzung kommen jeweils Ausführungen zur Auslegungs- und Wirkungsgeschichte der behandelten Texte hinzu.

Für alle, die sich ohne altsprachliche Kenntnisse dennoch eingehender mit biblischen Schriften wie dem 1. Johannesbrief befassen wollen, werden verschiedene Kommentarreihen herausgegeben, die jeweils auch einen Band zu den Johannesbriefen enthalten. Davon sind die beiden nachfolgenden Auslegungen besonders empfehlenswert:

Schunack, Gerd, Die Briefe des Johannes (Zürcher Bibelkommentare zum NT, Bd. 17), Zürich 1982.

Beutler, Johannes, Die Johannesbriefe (Regensburger Neues Testament), Regensburg 2000.

Beide Kommentare kommen ohne Anmerkungen aus. Die Auslegung von *Schunack* ist aufgrund ihrer Diktion nicht einfach zu lesen, enthält aber zahlreiche Anregungen zum eigenen Nachdenken über den Text. *Beutlers* Kommentar ist für jeden Textabschnitt gegliedert: Auf Bemerkungen zur Textstruktur folgen die Einzelauslegung Vers für Vers sowie eine Zusammenfassung der Aussage des jeweiligen Abschnitts. Da in den Text der Auslegung auch die Auseinandersetzung mit anderen Auffassungen eingearbeitet ist, können sich stellenweise Schwierigkeiten beim nachvollziehenden Lesen ergeben.

Wer sich, vom 1. Johannesbrief angeregt, dem Johannes*evangelium* als der bedeutendsten Schrift der «johanneischen Schule» zuwenden will, findet eine ausgezeichnete Begleitung in folgendem Kommentar:

Dietzfelbinger, Christian, Das Evangelium nach Johannes (Zürcher Bibelkommentare zum NT, Bd. 4.1 und 4.2), Zürich ^{2}2004.

Dieser Kommentar vereint auf beinahe ideale Weise eine verständliche, mögliche Fragen der Lesenden aufgreifende Darstellungsweise mit fachlich kompetenter Information, sowohl in der fortlaufenden Kommentierung als auch in Exkursen zu Sachthemen, die sich aus dem Lesen und Bedenken des Evangeliums ergeben.

Schliesslich sei auf zwei unterschiedliche allgemeinverständliche Gesamtdarstellungen der johanneischen Sicht des christlichen Glaubens hingewiesen:

Becker, Jürgen, Johanneisches Christentum, Tübingen 2004.

Hier wird der Versuch unternommen, sowohl die Geschichte des johanneischen Christentums so weit wie möglich zu rekonstruieren als auch dessen spezifisches Glaubensverständnis darzustellen. Gegen welche anderen Auffassungen der Autor sich in seinen Ausführungen jeweils richtet, wird sich den mit der wissenschaftlichen Diskussion nicht Vertrauten allerdings kaum erschliessen. Auf jeden Fall wird hier *eine mögliche* Sicht auf das johanneische Christentum zusammenhängend vorgetragen, sodass sich daraus für die Lesenden sowohl ein gewisser Informationsstand als auch Anregungen zu eigenem Widerspruch und Weiterdenken ergeben.

Hahn Ferdinand, Theologie des Neuen Testaments, Band I: Die Vielfalt des Neuen Testaments. Theologiegeschichte des Urchristentums, Tübingen 2002, Teil VII: Die johanneische Theologie, 585–732.

Diese umfangreiche Darstellung der johanneischen theologischen Anschauungen ist aus umfassender Kenntnis und der Fähigkeit zu systematischer Zusammenfassung erwachsen. Sie zeichnet sich durch einen souveränen, Polemik vermeidenden

Umgang mit den unterschiedlichen Interpretationen der johanneischen Schriften aus. Die Entwicklung der johanneischen Theologie und ihre Hauptthemen werden nacheinander behandelt. Die Ausführungen sind anspruchsvoll, dabei aber gut lesbar, obwohl häufig griechische und hebräische Worte und Sätze im Text zu finden sind. Da zuvor aber jeweils die deutsche Übersetzung steht, können die originalsprachlichen Passagen auch «überlesen» werden, ohne dass das Gesamtverständnis wesentlich leidet.

Zitierte Literatur

Eco, Umberto, Der Name der Rose. Roman (Deutsch von Burkhart Kroeber), München [15]1991.

Feuerbach, Ludwig, Das Wesen des Christentums (Werke in sechs Bänden, hg. von Erich Thies, Bd. 5, Suhrkamp Theorie Werkausgabe), Frankfurt a. M. 1976.

Jonas, Hans, Der Gottesbegriff nach Auschwitz. Eine jüdische Stimme, Frankfurt 1987.

Jüngel, Eberhard, Gott als Geheimnis der Welt. Zur Begründung der Theologie des Gekreuzigten im Streit zwischen Theismus und Atheismus, Tübingen [3]1978.

Luther, Martin, Vorlesung über den 1. Johannesbrief (1527) (Calwer Luther-Ausgabe), München/Hamburg 1968.

Nietzsche, Friedrich, Also sprach Zarathustra (Kritische Studienausgabe, hg. von Giorgio Colli und Mazzino Montinari, Bd. 4), München [6]2017.

Weitere Literatur

Kommentare zum 1. Johannesbrief

Strecker, Georg, Die Johannesbriefe (Kritisch-exegetischer Kommentar über das Neue Testament, Bd. 14), Göttingen 1989.

Schnelle, Udo, Die Johannesbriefe (Theologischer Handkommentar zum Neuen Testament, Bd. 17), Leipzig 2010.

Wengst, Klaus, Der erste, zweite und dritte Brief des Johannes (Ökumenischer Taschenbuchkommentar zum Neuen Testament, Bd. 16), Gütersloh/Würzburg 1978.

Kommentare zum Johannesevangelium

Becker, Jürgen, Das Evangelium nach Johannes, Kapitel 1–10 (Ökumenischer Taschenbuchkommentar zum Neuen Testament, Bd. 4/1), Würzburg 1979.

Becker, Jürgen, Das Evangelium nach Johannes, Kapitel 11–21 (ÖTK, 4/2), Würzburg ²1984.

Bultmann, Rudolf, Das Evangelium des Johannes (Kritisch-Exegetischer Kommentar über das Neue Testament, Zweite Abteilung), Göttingen ¹⁸1962 (unveränderter Nachdruck der 10. Auflage).

Monografien

Frey, Jörg, Die johanneische Eschatologie Band III. Die eschatologische Verkündigung in den johanneischen Texten, Tübingen 2000.

Frey, Jörg / Schröter, Jens (Hg.), Deutungen des Todes Jesu im Neuen Testament, Tübingen ²2012.

Kunath, Friederike, Die Präexistenz Jesu im Johannesevangelium. Struktur und Theologie eines johanneischen Motivs (BZNW 212), Berlin 2016.

Mußner, Franz, ZOE. Die Anschauung vom «Leben» im vierten Evangelium unter Berücksichtigung der Johannesbriefe, München 1952.

Popkes, Enno Edzard, Die Theologie der Liebe Gottes in den johanneischen Schriften. Zur Semantik der Liebe und zum Motivkreis des Dualismus, Tübingen 2005

Rusam, Dietrich, Die Gemeinschaft der Kinder Gottes, Stuttgart/Berlin/Köln 1993.

Schmeller, Thomas, Schulen im Neuen Testament? Zur Stellung des Urchristentums in der Bildungswelt seiner Zeit. Mit einem Beitrag von Christian Cebulj zur Johanneischen Schule, Freiburg i. Br. 2001.

Scholtissek, Klaus, In ihm sein und bleiben. Die Sprache der Immanenz in den johanneischen Schriften, Freiburg i. Br. 2000.

Uebele, Wolfram, «Viele Verführer sind in die Welt ausgegangen». Die Gegner in den Briefen des Ignatius von Antiochien und in den Johannesbriefen, Stuttgart 2001.

Wischmeyer, Oda, Liebe als Agape. Das frühchristliche Konzept und der moderne Diskurs, Tübingen 2015.

Aufsätze und Lexikonartikel

Demke, Christoph, Der sogenannte Logos-Hymnus im johanneischen Prolog, in: Zeitschrift für neutestamentliche Wissenschaft 58 (1967), 45–68.

Demke, Christoph, Das Evangelium der Dialoge, in: Zeitschrift für Theologie und Kirche 97 (2000), 164–182.

Frey, Jörg, Die johanneische Theologie als Klimax der neutestamentlichen Theologie, in: Zeitschrift für Theologie und Kirche 107 (2010), 448–477.

Klein, Günter, «Das wahre Licht scheint schon». Beobachtungen zur Zeit- und Geschichtserfahrung einer urchristlichen Schule, in: Zeitschrift für Theologie und Kirche 68 (1971), 261–326.

Schröter, Jens, Die Heilsbedeutung von Sterben und Tod Jesu Christi im Neuen Testament, in: Kerygma und Dogma 62 (2016), 115–134.

Thyen, Hartwig, Artikel «Johannesbriefe», in: Theologische Real-Enzyklopädie XVII (1988), 186–200.
Vouga, Francis, Artikel «Johannesbriefe», in: Religion in Geschichte und Gegenwart (4. Auflage), 549–552.